国家文化产业资金支持媒体融合重大项目

高等职业教育会计专业富媒体智能型
精品系列教材

U0674854

Economic Law
Foundation and Practice
Learning Guidance and
Synchronous Training

经济法基础与实务
学习指导与同步训练

陈 强 严 瑾 主 编
郑军剑 陈美丽 副主编

东北财经大学出版社 大连
Dongbei University of Finance & Economics Press

图书在版编目（CIP）数据

经济法基础与实务学习指导与同步训练/陈强，严瑾主编. —大连：东北财经大学出版社，2018.8

（高等职业教育会计专业富媒体智能型·精品系列教材）

ISBN 978-7-5654-3194-4

Ⅰ．经…　Ⅱ．①陈…②严…　Ⅲ．经济法-中国-高等职业教育-教学参考资料　Ⅳ.D922.29

中国版本图书馆CIP数据核字（2018）第120314号

东北财经大学出版社出版

（大连市黑石礁尖山街217号　邮政编码　116025）

网　　址：http://www.dufep.cn

读者信箱：dufep@dufe.edu.cn

大连住友彩色印刷有限公司印刷　东北财经大学出版社发行

幅面尺寸：185mm×260mm　字数：218千字　印张：10　插页：1

2018年8月第1版　　　　　　　2018年8月第1次印刷

责任编辑：王天华　刘晓彤　　责任校对：尚玉影　赵伟华

封面设计：冀贵收　　　　　　版式设计：钟福建

定价：22.00元

教学支持　售后服务　　联系电话：（0411）84710309

版权所有　侵权必究　　举报电话：（0411）84710523

如有印装质量问题，请联系营销部：（0411）84710711

前　言

　　本书与《经济法基础与实务》配套使用，共分十三个项目，每个项目均包括学习指导和同步训练两部分内容。本书侧重经济法基础课程的训练环节，以强化学生对理论知识的系统归纳总结、复习巩固、考证和技能训练为原则，以经济法基础相关章节重难点为主体，注重与初级会计资格考试需求紧密对接，旨在帮助学生在学习课程的同时全面掌握初级会计资格考试的相关知识点和重难点，系统训练经济法基础课程的典型工作内容，培养学生理解问题、分析问题和解决问题的能力，有效提升学生的考证能力和财务职业综合素养。

　　本书主要具有以下特色：

　　（1）科学性和系统性。力求体现"以能力为本位"的职业教育精神，本着有理论、有实务、有分析、有应用的原则，合理设计学习和训练的知识点和技能点，这一渐进式的学习指导、归纳总结和同步训练，有助于实现"以学生为主，做中学、学中做"的理论与实践一体化教学，有助于培养学生涉税业务自主学习能力、专业能力、社会能力、方法能力以及可持续发展、职业迁移能力。

　　（2）针对性和实用性。注重对接最新初级会计师考试标准，紧扣职称考试题型，合理设计训练内容。同步训练的"基础知识训练"内容大多取自近几年真题，并在括号内标注真题的年份，重难点突出，紧扣考试要点，有针对性。同时，对每个项目总体知识点采用思维导图方式进行概括表述，便于学生理清思路和记忆。

　　（3）岗位性和综合性。按照"体现涉税工作过程，有效培养学生职业能力"的目标，精心整合涉税工作的理论与实务，注重涉税岗位实训操作训练，强化对学生实际操作能力、解决问题以及专业判断能力的培养。

　　本书由浙江商业职业技术学院陈强教授总负责。陈强教授和浙江金融职业学院陈美丽老师、温州科技职业学院郑军剑副教授和严瑾副教授共同编写。本书既可以作为高等职业教育经济法基础课程的配套教材，也可以作为财会人员初级会计资格考试的辅导教材，还可以作为财会工作者和经营管理人员的培训教材。本书在编写过程中参考了不少专家学者的著述，得到了有关专家学者和东北财经大学出版社的大力支持，在此一并感谢！

　　由于编者理论知识和实践能力有限，书中疏漏之处在所难免，敬请专家学者及使用本书的老师、同学和读者批评指正，非常感谢！

编　者

2018 年 7 月

目　录

认识经济法基础

学习指导

《中华人民共和国民法总则》已由中华人民共和国第十二届全国人民代表大会第五次会议于 2017 年 3 月 15 日通过，现予公布，自 2017 年 10 月 1 日起施行。《中华人民共和国民法总则》第九章第一百八十八条规定：向人民法院请求保护民事权利的诉讼时效期间为 3 年。法律另有规定的依照其规定。

本项目基本结构框架

本项目基本结构框架，如图 1-1 所示。

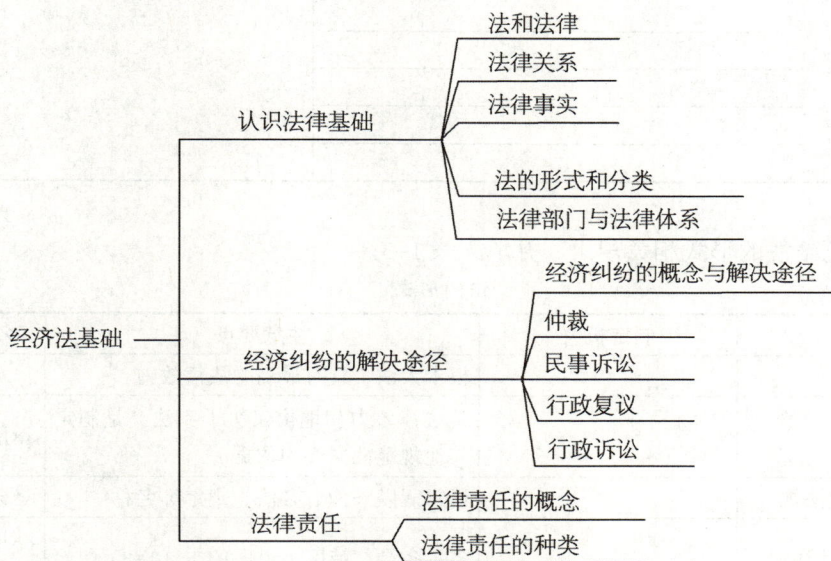

图 1-1　本项目基本结构框架图

本项目重难点与业务处理总结

一、法律基础重难点

1.法律关系

请归纳总结法律关系三要素，并填入表 1-1。

表1-1　　　　　　　　　　　　　　法律关系

三要素		具体内容
主体	自然人	
	组织	
	国家	
内容		征纳双方的权利和义务
客体	物	
	人身、人格	
	非物质财富	
	行为	

2.法律事实

请归纳总结法律事实的相关规定，并填入表1-2。

表1-2　　　　　　　　　　　　　　法律事实

项目	分类	区分标准
事件		
行为		

3.法的形式

请归纳总结法的形式相关规定，并填入表1-3。

表1-3　　　　　　　　　　　　　　法的形式

形式		制定机关	注意要点	名称规律
宪法			根本大法，具有最高的法律效力	
法律			其法律效力和地位仅次于宪法，是制定其他规范性文件的依据	××法
法规	行政法规		通常冠以条例、办法、规定等名称	××条例
	地方性法规		省；省会、特区、设区的市（1+3）	××地方×× 条例
规章	部门规章		规章在法院审理行政案件时"仅起参照作用"	××条例实施细则
	地方政府规章		政府规章除不得与宪法、法律和行政法规相抵触外，还不得与上级和同级地方性法规相抵触	××地方××办法
效力排序				
提示		特别行政区法、国际条约也属于法的形式		

4.法的分类

请归纳总结法的分类相关规定，并填入表 1-4。

表 1-4　　　　　　　　　　　　　　法的分类

划分标准	法的分类
1.根据法的创制方式和发布形式划分	
2.根据法的内容、效力和制定程序划分	
3.根据法的内容划分	
4.根据法的空间效力、时间效力或对人的效力划分	
5.根据法的主体、调整对象和渊源划分	
6.根据法律运用的目的划分	

二、经济纠纷解决途径重难点

1.经济仲裁

请归纳总结经济仲裁的相关规定，并填入表 1-5。

表 1-5　　　　　　　　　　　　　　经济仲裁

项目	具体规定
适用范围	
不适用仲裁法范围	
不能仲裁范围	
原则	
机构设置	
形式	
内容	
效力	开庭、不公开、执行回避制度、可以和解亦可以调解但不能违背一裁终局原则。 调解书自"签收后"发生法律效力；裁决书自"作出之日"起发生法律效力。 【注意】区分仲裁庭未能形成一致意见和未能形成多数意见的处理措施

2.民事诉讼

请归纳总结民事诉讼的相关规定，并填入表1-6。

表1-6　　　　　　　　　　　　　　民事诉讼

项目			具体规定和适用情形
适用范围			
审判制度			
诉讼管辖	级别管辖		
	地域管辖	普通管辖	
		特殊管辖	
		专属管辖	
		共同管辖	
		协议管辖	
诉讼时效	普通诉讼时效期间		
	最长诉讼时效期间		
	【注意1】普通及特别诉讼时效期间的起算点为"知道或者应当知道"之日；最长诉讼时效期间的起算点为"权利被侵害"之日。 【注意2】超过诉讼时效提起诉讼丧失的是"胜诉权"		
	中止		
	中断		
判决	一审		
	二审		

3.行政复议

请归纳总结行政复议的相关规定，并填入表1-7。

表1-7   行政复议

项目		具体规定
复议范围	复议事项	
	排除事项	
复议程序	申请	
	复议机关	1.
		2.
		3.
		【注意1】参加人不包括复议机关； 【注意2】不收费； 【注意3】复议期间具体行政行为不停止执行（有特殊情形除外）
	复议决定	
	强制执行	

4.行政诉讼

请归纳总结行政诉讼的相关规定，并填入表1-8。

表1-8   行政诉讼

项目			具体规定
诉讼范围	受理		
	不受理		
诉讼管辖	级别管辖		
	地域管辖	一般情况	
		特殊情况	
诉讼程序	开庭、公开、合议庭、执行回避制度，"不适用调解"（赔偿诉讼除外）		
	判决生效		

三、法律责任重难点

请归纳总结法律责任的相关规定，并填入表1-9。

表1-9　　　　　　　　　　　　　　法律责任

项目	具体内容			
民事责任				
行政责任	行政处罚			
	行政处分			
刑事责任	主刑	种类	期限	数罪并罚
		管制		最高3年
		拘役		最高1年
		有期		总刑期不满35年的，最高不能超过20年；总刑期在35年以上的，最高不能超过25年
		无期		
		死刑		
	附加刑	种类： 【注意】政治权利：选举权和被选举权；言论、出版、集会、结社、游行、示威自由的权利；担任国家机关职务的权利；担任国有公司、企业、事业单位和人民团体领导职务的权利		

同步训练

基础知识训练

一、单项选择题

1.（2017年）[①]下列各项中，属于行政复议范围的是（　　）。

A.赵某对工商局暂扣其营业执照的决定不服而引起的纠纷

B.王某对税务局将其调职到其他单位的决定不服而引起的纠纷

C.张某对交通局解除其劳动合同的决定不服而引起的纠纷

D.李某对环保局给予其撤职处分的决定不服而引起的纠纷

2.（2017年）下列公民中，视为完全民事行为能力人的是（　　）。

A.赵某，9岁，系某小学学生

B.王某，15岁，系某高级中学学生

C.张某，13岁，系某初级中学学生

D.李某，17岁，系某宾馆服务员，以自己劳动收入为主要生活来源

---

① 编者注：题号后括号内标明的是初级会计专业技术资格考试试题的年份，全书同。

3.（2017年）下列法的形式中,效力等级最低的是（　　　）。

A.宪法　　　　　　　B.地方性法规　　　　　C.行政法规　　　D.法律

4.（2017年）甲公司与乙公司签订买卖合同,向乙公司购买了一台设备,价款8万元,该买卖合同的法律关系的主体是（　　　）。

A.买卖合同　　　　　B.设备　　　　　　　　C.8万元价款　　D.甲公司与乙公司

5.（2017年）下列法律责任形式中,属于行政责任的是（　　　）。

A.支付违约金　　　　B.罚金　　　　　　　　C.罚款　　　　　D.返还财产

6.（2017年）下列规范性文件中,属于行政法规的是（　　　）。

A.国务院发布的《企业财务会计报告条例》

B.全国人民代表大会通过的《中华人民共和国民事诉讼法》

C.中国人民银行发布的《支付结算办法》

D.全国人民代表大会常务委员会通过的《中华人民共和国会计法》

7.（2017年）根据行政诉讼法律制度的规定,下列纠纷中,不属于人民法院行政诉讼受理范围的是（　　　）。

A.对税务机关采取的阻止纳税人出境措施不服引发的纠纷

B.对公安机关作出的行政拘留决定不服引发的纠纷

C.对工商行政管理机关作出的任免决定不服引发的纠纷

D.对环境保护管理部门作出的罚款决定不服引发的纠纷

8.（2016年）下列不属于诉讼时效中断的是（　　　）。

A.法定代理人死亡　　　　　　　　　　　B.当事人一方提起诉讼

C.当事人一方提出要求　　　　　　　　　D.当事人一方同意履行义务

9.（2016年）根据我国民事法律制度的规定,达到一定年龄阶段、以自己的劳动收入为主要生活来源的公民,应视为完全民事行为能力人。该年龄阶段为（　　　）。

A.16周岁以上不满18周岁　　　　　　　B.18周岁以上

C.10周岁以上不满18周岁　　　　　　　D.不满10周岁

10.（2016年）甲公司与乙公司签订租赁合同,约定甲公司承租乙公司一台挖掘机,租期1个月,租金1万元。引起该租赁法律关系发生的法律事实是（　　　）。

A.租赁的挖掘机　　　　　　　　　　　　B.甲公司和乙公司

C.1万元租金　　　　　　　　　　　　　D.签订租赁合同的行为

11.（2016年）下列情形中,当事人不能申请行政复议的是（　　　）。

A.甲公司不服市环保局对其作出的罚款决定

B.王某不服所任职的市教育局对其作出的降级决定

C.赵某不服市公安局对其作出的行政拘留决定

D.乙公司不服市工商局对其作出的责令停产停业决定

12.（2016年）根据民事法律制度的规定,在诉讼时效期间的一定期间内,因不可抗力或者其他障碍致使权利人不能行使请求权的,诉讼时效期间暂停计算。该期间为诉讼时效的（　　　）。

A.最初1个月　　　B.最初3个月　　　C.最后6个月　　　D.最后9个月

13.（2016年）下列法律责任形式中,属于民事责任的是（　　　）。

A.拘役　　　　　　　　B.记过　　　　　　　C.支付违约金　　D.暂扣许可证

14.（2015年）张某在电脑专卖店支付 7 000 元购买了一台笔记本电脑，下列各项中，属于该法律关系客体的是（　　）。

A.电脑专卖店　　　　　B.支付 7 000 元　　　C.张某　　　　　D.笔记本电脑

15.（2015年）下列法律责任形式中，属于行政责任的是（　　）。

A.赔偿损失　　　　　　B.罚款　　　　　　　C.返还财产　　　D.罚金

16.（2015年）根据民事诉讼法律制度的规定，下列法院中，对因票据纠纷提起的民事诉讼享有管辖权的是（　　）。

A.出票人住所地法院　　　　　　　　　　　B.持票人住所地法院

C.票据出票地法院　　　　　　　　　　　　D.票据支付地法院

17.（2015年）根据税收征收管理法律制度的规定，下列税务机关作出的行政行为中，不属于税务行政复议受案范围的是（　　）。

A.调整税收优惠政策　　　　　　　　　　　B.不予颁发税务登记证

C.不予出具完税凭证　　　　　　　　　　　D.确认纳税环节

18.（2015年）下列对规范性文件所作的判断中，不正确的是（　　）。

A.上海市人民政府发布的《上海市旅馆业管理办法》属于地方性法规

B.国务院发布的《企业财务会计报告条例》属于行政法规

C.西藏自治区人民代表大会发布的《西藏自治区立法条例》属于自治法规

D.财政部发布的《金融企业国有资产转让管理办法》属于部门规章

19.（2015年）下列法律事实中，属于法律事件的是（　　）。

A.买卖房屋　　　　B.订立遗嘱　　　　C.台风登陆　　D.租赁设备

20.（2014年）根据民事法律制度的规定，下列各项中，不属于可导致诉讼时效中断的情形是（　　）。

A.当事人提起诉讼　　　　　　　　　　　　B.当事人一方提出要求

C.当事人同意履行义务　　　　　　　　　　D.发生不可抗力致使权利人不能行使请求权

二、多项选择题

1.（2017年）根据民事诉讼法律制度的规定，下列关于公开审判制度的表述中，正确的有（　　）。

A.涉及商业秘密的民事案件，当事人申请不公开审理的，可以不公开审理

B.不论民事案件是否公开审理，一律公开宣告判决

C.涉及国家秘密的民事案件应当不公开审理

D.涉及个人隐私的民事案件应当不公开审理

2.（2017年）非物质财富可以成为法律关系的客体，下列各项中，属于非物质财富的有（　　）。

A.著作　　　　　　B.嘉奖表彰　　　　C.发明　　　D.荣誉称号

3.（2017年）下列行政责任形式中，属于行政处罚的有（　　）。

A.撤职　　　　　　B.行政拘留　　　　C.没收非法财物　　D.开除

4.（2017年）下列关于规范性法律文件适用原则的表述中，正确的有（　　）。

A.行政法规之间对同一事项的新的一般规定与旧的特别规定不一致，不能确定如何适用时，由国务院裁决

B.根据授权制定的法规与法律不一致，不能确定如何适用时，由全国人民代表大会常务委员会裁决

C.部门规章与地方政府规章之间对同一事项的规定不一致时，由国务院裁决

D.法律之间对同一事项的新的一般规定与旧的特别规定不一致，不能确定如何适用时，由全国人民代表大会常务委员会裁决

5.（2017年）根据《中华人民共和国仲裁法》的规定，下列关于仲裁协议效力的表述中，正确的有（　　）。

A.合同的变更、解除、终止或者无效，不影响仲裁协议的效力

B.当事人口头达成的仲裁协议有效

C.仲裁协议对仲裁事项或者仲裁委员会没有约定或者约定不明确，当事人又达不成补充协议的，仲裁协议无效

D.当事人对仲裁协议的效力有异议的，可以请求人民法院作出裁定

6.（2017年）下列关于一般经济纠纷仲裁和劳动仲裁共同点的表述中，正确的有（　　）。

A.仲裁庭仲裁案件均适用回避制度

B.当事人均须在事先或事后达成仲裁协议，仲裁委员会方可受理

C.仲裁委员会均不按行政区划层层设立

D.当事人对仲裁裁决不服，均可向人民法院起诉

7.（2016年）下列可成为法律关系的客体的有（　　）。

A.土地　　　　　　B.荣誉称号　　　　　C.人民币　　　　D.天然气

8.（2016年）下列引起法律关系发生、变更或者消灭的各项中，属于法律行为的有（　　）。

A.订立合同　　　　　B.发生海啸　　　　C.销售货物　　　D.签发支票

9.（2016年）根据《中华人民共和国仲裁法》的规定，下列关于仲裁协议的表述中，正确的有（　　）。

A.当事人对仲裁协议的效力有异议，应当在仲裁庭首次开庭前提出

B.当事人双方没有订立仲裁协议，一方申请仲裁的，仲裁委员会不予受理

C.合同的变更、解除、终止或无效，不影响仲裁协议的效力

D.仲裁协议可以采用书面形式，也可以采用口头形式

10.（2016年）根据行政诉讼法律制度的规定，下列关于行政诉讼地域管辖的表述中，正确的有（　　）。

A.经过行政复议的行政诉讼案件，可由行政复议机关所在地人民法院管辖

B.因不动产提起的行政诉讼案件，由不动产所在地人民法院管辖

C.对限制人身自由的行政强制措施不服提起的行政诉讼案件，由被告所在地或者原告所在地人民法院管辖

D.对责令停产停业的行政处罚不服直接提起行政诉讼的案件，由作出该行政行为的行政机关所在地人民法院管辖

11.（2016年）甲行政机关财务负责人刘某因犯罪被人民法院判处有期徒刑，并处罚金和没收财产，后被甲行政机关开除。刘某承担的法律责任中，属于刑事责任的有（　　）。

A.没收财产　　　　　　B.罚金　　　　　　C.有期徒刑　　　　D.开除

12.（2016年）根据《中华人民共和国仲裁法》的规定，下列关于仲裁制度的表述中，正确的有（　　）。

A.仲裁裁决对双方当事人都具有约束力

B.仲裁实行一裁终局

C.仲裁实行级别管辖和地域管辖

D.平等主体之间发生的合同纠纷和其他财产权益纠纷可以仲裁

13.（2015年）根据行政复议法律制度的规定，行政人员对行政机关作出的下列决定不服，不能申请行政复议的有（　　）。

A.降级　　　　　　　　B.撤职　　　　　　C.记过　　　　　　D.开除

14.（2015年）根据行政复议法律制度的规定，下列关于行政复议的表述中，正确的有（　　）。

A.行政复议决定书一经作出即发生法律效力

B.申请人申请行政复议，可以书面申请，也可以口头申请

C.申请人在申请行政复议时可同时申请赔偿

D.一般采用书面审查，对重大、复杂的案件，申请人提出要求或者行政复议机构认为必要时，可以采取听证的方式审理

15.（2015年）根据《中华人民共和国仲裁法》的规定，下列关于一裁终局原则的表述中，正确的有（　　）。

A.仲裁裁决作出后，当事人就同一纠纷向人民法院起诉的，人民法院不予受理

B.仲裁裁决作出后，当事人可就同一纠纷向原仲裁委员会申请复议

C.仲裁裁决作出后，当事人可就同一纠纷向司法行政机关申请复议

D.仲裁裁决作出后，当事人就同一纠纷再申请仲裁的，仲裁委员会不予受理

16.（2015年改①）根据民事诉讼法律制度的规定，下列关于诉讼时效期间的表述中，正确的有（　　）。

A.诉讼时效期间从权利人知道或者应当知道权利被侵害时起计算

B.诉讼时效期间可发生中止或者中断

C.诉讼时效期间届满，权利人丧失胜诉权

D.普通诉讼时效期间为3年

17.（2015年）根据民事诉讼法律制度的规定，下列关于诉讼时效期间中止和中断的表述中，正确的有（　　）。

A.当事人提起诉讼是引起诉讼时效期间中断的原因之一

B.当事人一方同意履行义务是引起诉讼时效期间中止的原因之一

C.引起中止的原因消除，诉讼时效期间继续计算

D.引起中断的原因发生，已经过的诉讼时效期间全归于无效

18.（2015年）甲到A公司以17 000元的价格购买了一台电脑，下列各项中，属于该

①　编者注：根据最新税务方面的变化对初级会计专业技术资格考试试题进行了修改，全书同。

法律关系主体的有（　　）。

A.甲　　　　　　　　　　　　　　　B.A公司

C.甲请求A公司交付电脑　　　　　　D.A公司请求甲支付17 000元

19.（2014年）下列法律责任形式中，属于民事责任形式的有（　　）。

A.没收财产　　　　B.消除危险　　　　C.暂扣许可证　　　D.赔礼道歉

20.（2014年）根据刑事法律制度的规定，被告人因实施犯罪被依法判处剥夺政治权利，其被剥夺的具体政治权利包括（　　）。

A.担任事业单位和人民团体领导职务的权利

B.选举权和被选举权

C.担任国家机关职务的权利

D.担任国有公司、企业领导职务的权利

三、判断题

1.（2017年）经过行政复议的行政诉讼案件，均由行政复议机关所在地人民法院管辖。　　　　　　　　　　　　　　　　　　　　　　　　　　　　　（　　）

2.（2017年）税务行政复议决定自作出之日起发生法律效力。　　　　（　　）

3.（2017年）对县级以上地方各级人民政府工作部门的具体行政行为不服的，可以向该部门的本级人民政府申请行政复议，也可以向上一级主管部门申请行政复议。（　　）

4.（2017年）因确认股东资格纠纷引起的民事诉讼，由公司住所地人民法院管辖。
　　　　　　　　　　　　　　　　　　　　　　　　　　　　　　　　（　　）

5.（2017年）公民、法人或者其他组织向人民法院提起行政诉讼，人民法院已经受理的，不得申请行政复议。　　　　　　　　　　　　　　　　　　　　　（　　）

6.（2017年）平等民事主体的当事人之间发生经济纠纷时，当事人达成的有效仲裁协议可排除法院的管辖权。　　　　　　　　　　　　　　　　　　　　　（　　）

7.（2017年）因不动产提起的诉讼，由不动产所有权人住所地人民法院管辖。
　　　　　　　　　　　　　　　　　　　　　　　　　　　　　　　　（　　）

8.（2017年）甲公司向乙公司签发银行承兑汇票的行为属于法律事件。（　　）

9.（2016年）行政复议的举证责任，由申请人承担。　　　　　　　　（　　）

10.（2016年）经过行政复议的行政诉讼案件，均由行政复议机关所在地人民法院管辖。　　　　　　　　　　　　　　　　　　　　　　　　　　　　　（　　）

11.（2016年）部门规章之间、部门规章与地方政府规章之间对同一事项的规定不一致时，由国务院裁决。　　　　　　　　　　　　　　　　　　　　　　（　　）

12.（2016年）行政赔偿、补偿以及行政机关行使法律、法规规定的自由裁量权的行政诉讼案件可以调解。　　　　　　　　　　　　　　　　　　　　　　　（　　）

13.（2015年）行政复议机关受理复议申请收取行政复议费，由申请人先行预交。
　　　　　　　　　　　　　　　　　　　　　　　　　　　　　　　　（　　）

14.（2015年）法凭借国家强制力的保证而获得普遍遵行的效力。　　（　　）

15.（2015年）行政复议中，申请人为举证义务人。　　　　　　　　（　　）

16.（2015年）买卖合同当事人在仲裁裁决作出后，就同一纠纷再申请仲裁或者向人

民法院起诉的，仲裁委员会或人民法院不予受理。 （　　）

17. （2015年）法律事实是法律关系发生、变更、消灭的直接原因。 （　　）

18. （2015年）没收违法所得、没收非法财物属于行政处罚的具体种类之一。 （　　）

19. （2014年）审理民事案件，不论案件是否公开审理，一律公开宣告判决。 （　　）

20. （2013年）申请行政复议，应当采用书面形式。 （　　）

认识税收相关法律制度

凡依法由税务机关征收的各种税收的征收管理，均适用《中华人民共和国税收征收管理法》。就现行有效税种而言，增值税、消费税、企业所得税、个人所得税、资源税、城镇土地使用税、土地增值税、车船税、车辆购置税、房产税、印花税、城市维护建设税等税种的征收管理均适用征管法。

本项目基本结构框架

本项目基本结构框架，如图2-1所示。

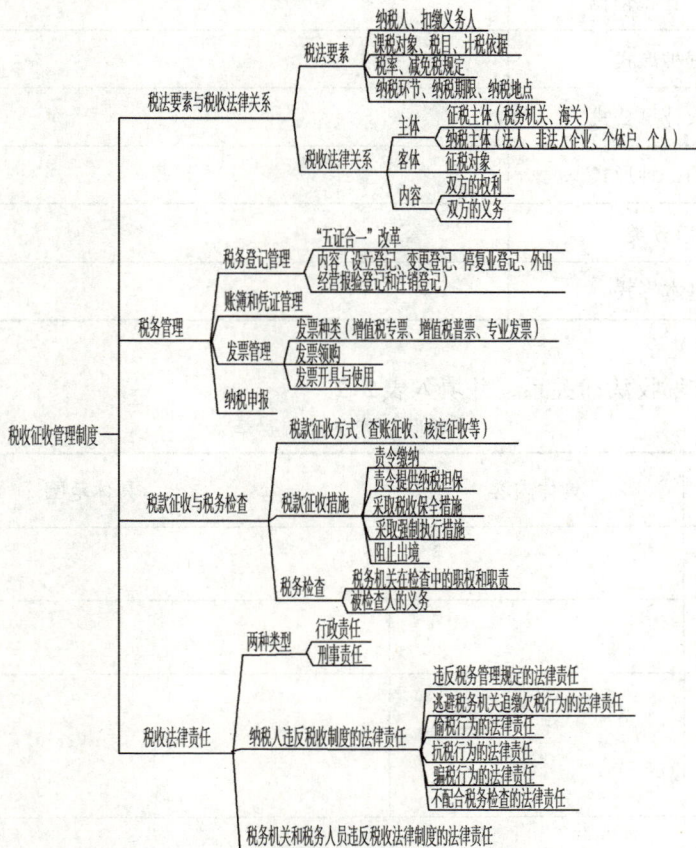

图2-1 本项目基本结构框架图

本项目重难点与业务处理总结

一、税法要素、税收法律关系重难点

1.税法要素

请归纳总结和区分税法要素，并填入表2-1。

表2-1　　　　　　　　　　　　　　税法要素区分与归纳

税法要素		具体内容
区分	纳税人	
	负税人	
	代扣代缴义务人	
区分	课税对象	
	税目	
	计税依据	
税率的三种形式		
速算扣除数计算公式		
纳税期限的三种形式		
纳税环节分类		
减免税基本形式		

2.税收法律关系

请归纳总结税收法律关系，并填入表2-2。

表2-2　　　　　　　　　　　　　　税收法律关系三要素

三要素	具体内容	具体范围
主体		
内容		
客体		

3.我国现行的税收管理体制

请归纳总结我国现行的税务机构设置、税收征管范围，并填入表2-3。

表2-3　　　　　　　　我国现行的税务机构设置、税收征管范围

项目		具体内容	中央与地方税务机关的管理关系
税务机关设置	中央税务机关		
	省及省以下税务机关		
税收征收管理范围	税务局负责征管项目		
	海关负责征管项目		
中央和地方政府税收收入划分	中央政府固定收入		
	地方政府固定收入		
	中央与地方政府共享收入		

二、税收征收管理制度重难点

1.发票管理

请归纳总结发票种类、联次和不得开具发票情况，并填入表2-4。

表2-4　　　　　　　　发票种类、联次和具体用途

项目		具体内容或用途
发票种类		
发票联次		
不得开具发票的情形		

2.税款征收

请归纳总结税款征收措施的种类，并填入表2-5。

表2-5　　　　　　　　　　　　　　　　税款征收措施

征收措施	具体规定
责令缴纳	
责令提供纳税担保	
阻止出境	
采取税收保全措施的两种方式	
采取强制执行措施的两种方式	

三、税务行政复议的范围及管辖

请归纳税务行政复议的范围和管辖规定，并填入表2-6。

表2-6　　　　　　　　　　税务行政复议的范围和管辖规定

项目		具体内容
税务行政复议的范围		
税务行政管辖	一般规定（向上级机关申请复议）	
	特殊规定	

同步训练

基础知识训练

一、单项选择题

1.（2015年）根据税收征收管理法律制度的规定，纳税人财务制度不健全，生产经营不固定，零星分散、流动性大，适合采用的征收方式是（　　）。

　　A.查账征收　　　　　　B.查定征收　　　　　　C.查验征收　　　　　　D.定期定额征收

2.（2015年）根据税收征收管理法律制度的规定，对欠缴税款、滞纳金的纳税人或其法定代表人需要出境的，税务机关可以采取的措施是（　　）。

　　A.书面通知其开户银行从其存款中扣缴税款

　　B.责令提供纳税担保

　　C.核定、调整应纳税额

　　D.依法拍卖其价值相当于应纳税款的商品

3.（2015年）根据税收征收管理法律制度的规定，下列各项中，不属于征税主体权利的是（　　）。

　　A.税务管理　　　　　　　　　　　　B.税务检查

　　C.税款征收　　　　　　　　　　　　D.宣传税收法律、行政法规

4.（2015年）根据税收征收管理法律制度的规定，下列纳税人发生的情形中，不须办理注销税务登记的是（　　）。

　　A.停业　　　　　　　B.解散　　　　　　　C.破产　　　　　　　D.撤销

5.（2015年）根据税收征收管理法律制度的规定，纳税人已开具的发票存根联和发票的登记簿的保存期限是（　　）。

　　A.3年　　　　　　　B.5年　　　　　　　C.10年　　　　　　　D.15年

6.（2014年）根据税收征收管理法律制度的规定，下列各项中，不属于纳税主体义务的是（　　）。

　　A.申请延期缴纳税款　　　　　　　　B.接受税务检查

　　C.按期、如实办理纳税申报　　　　　D.依法设置账簿

7.（2014年）停业、复业登记是针对（　　）征收方式下的纳税人进行的。

　　A.查账征收　　　　　B.查定征收　　　　　C.查验征收　　　　　D.定期定额

8.（2012年）根据税收征收管理法律制度的规定，下列个人财产中，不适用税收保全措施的是（　　）。

　　A.机动车辆　　　　　　　　　　　　B.金银首饰

　　C.古玩字画　　　　　　　　　　　　D.维持生活必需的住房

9.根据税收征收管理法律制度的规定，下列各项中，属于税收保全措施的是（　　）。

　　A.查封纳税人价值相当于应纳税款的货物

　　B.停止出口退税权

　　C.书面通知纳税人开户银行从其存款中扣缴税款

D.拍卖纳税人价值相当于应纳税款的货物，以拍卖所得抵缴税款

10.下列各项中，属于逃避税务机关追缴欠税行为的是（　　）。

A.欠缴应纳税款的纳税人，转移或者隐匿财产以妨碍税务机关追缴

B.纳税人擅自销毁账簿以不缴应纳税款

C.纳税人在账簿上多列支出以少缴应纳税款

D.纳税人进行虚假的纳税申报以少缴应纳税款

二、多项选择题

1.（2014年）下列各项中，应当办理注销税务登记的有（　　）。

A.纳税人停业　　　　　　　　　　B.纳税人破产

C.纳税人被吊销营业执照　　　　　D.纳税人法定代表人变更

2.（2014年）根据税收征收管理法律制度的规定，下列各项中，属于纳税主体权利的有（　　）。

A.申请退还多缴税款权　　　　　　B.陈述权、申辩权

C.要求保密权　　　　　　　　　　D.知情权

3.（2014年）任何单位和个人应当按照发票管理规定使用发票，不得有（　　）行为。

A.扩大发票使用范围　　　　　　　B.拆本使用发票

C.转借、转让发票　　　　　　　　D.以其他凭证代替发票使用

4.（2014年）根据发票管理法律制度的规定，下列关于发票开具和保管的表述中，符合法律规定的有（　　）。

A.不得为他人开具与实际经营业务不符的发票

B.已经开具的发票存根联和发票登记簿应当保存3年

C.取得发票时，不得要求变更品名和金额

D.开具发票的单位和个人应当建立发票使用登记制度，设置发票登记簿

5.（2014年）根据税收征收管理法律制度的规定，下列权利中，属于纳税主体权利的有（　　）。

A.申请退还多缴税款权　　　　　　B.要求保密权

C.税收法律救济权　　　　　　　　D.知情权

6.（2015年）根据税收征收管理法律制度的规定，下列各项中，属于税务机关税务检查职责范围的有（　　）。

A.检查纳税人的账簿、记账凭证、报表和有关资料

B.到纳税人的货物存在地检查应纳税的商品

C.责成纳税人提供与纳税有关的文件、证明材料和有关资料

D.到车站、码头检查纳税人托运商品、货物有关的单据、凭证

7.（2014年）根据税收征收管理法律制度的规定，下列纳税人的行为中，属于偷税的有（　　）。

A.采取转移或隐匿财产的手段，妨碍税务机关追缴欠缴税款

B.伪造账簿，不缴应纳税款

C.进行虚假纳税申报，少缴应纳税款

D.按照规定应设置账簿而未设置的

8.（2012年）根据税收征收管理法律制度的规定，下列各项中，属于纳税担保范围的有（　　）。

A.应纳税额　　　　　　　　　　　　B.实现税款的费用

C.税收滞纳金　　　　　　　　　　　D.实现税收滞纳金的费用

9.（2009年）根据税收征收管理法律制度的规定，下列各项中，属于税收保全措施的有（　　）。

A.书面通知纳税人开户银行从其存款中直接扣缴税款

B.依法拍卖纳税人的价值相当于应纳税款的商品、货物或者其他财产

C.书面通知纳税人开户银行冻结纳税人的金额相当于应纳税款的存款

D.扣押、查封纳税人的价值相当于应纳税款的商品、货物或者其他财产

10.（2007年）根据税收征收管理法律制度的规定，税务机关在实施税务检查时，可以采取的措施有（　　）。

A.检查纳税人会计资料

B.检查纳税人货物存放地的应纳税商品

C.检查纳税人托运、邮寄应纳税商品的有关单据、凭证

D.经法定程序批准，查询纳税人在银行的存款账户

三、判断题

1.（2015年）税收法律关系的内容，是指税收法律关系主体的权利和义务共同指向的对象。　　　　　　　　　　　　　　　　　　　　　　　　　　　　　　　　（　　）

2.（2014年）纳税人外出经营活动结束，应当向原税务机关填报"外出经营活动情况申报表"，并结清税款、缴销发票。　　　　　　　　　　　　　　　　　　　　（　　）

3.（2014年）增值税专用发票由国家税务总局确定的企业印刷。　　　　　（　　）

4.（2014年）经核准延期办理纳税申报、报送事项的，应当在纳税期内按照上期实际缴纳的税额或者税务机关核定的税额预缴税款，并在核准的延期内办理税款结算。

（　　）

5.（2012年）纳税人在纳税期内没有应纳税款的，不须办理纳税申报。　（　　）

6.销售商品、提供服务以及从事其他经营活动的单位和个人，对外发生经营业务收取款项，应当由付款方向收款方开具发票。　　　　　　　　　　　　　　　　　（　　）

7.已开具的发票，税务机关有权调出查验；空白发票，税务机关无权调出查验。

（　　）

8.欠缴税款的纳税人或者其法定代表人在出境前未按规定结清应纳税款、滞纳金或者提供纳税担保的，税务机关可以通知出境管理机关阻止其出境。　　　　　（　　）

9.税务机关调查税务违法案件时，对与案件有关的情况和资料，可以记录、录音、录像、照相和复制。　　　　　　　　　　　　　　　　　　　　　　　　　　　（　　）

10.税务机关派出的人员进行税务检查时，应当出示税务检查证和税务检查通知书。

（　　）

解读增值税法律制度

学习指导

自 2012 年 1 月 1 日起，我国开始进行"营业税改征增值税"的改革，2016 年 5 月 1 日在全国范围内全面推开"营业税改征增值税"试点。至此，营业税全部改征增值税，营业税已成为税收制度历史的组成部分，流通环节由增值税全覆盖。

本项目基本结构框架

本项目基本结构框架，如图 3-1 所示。

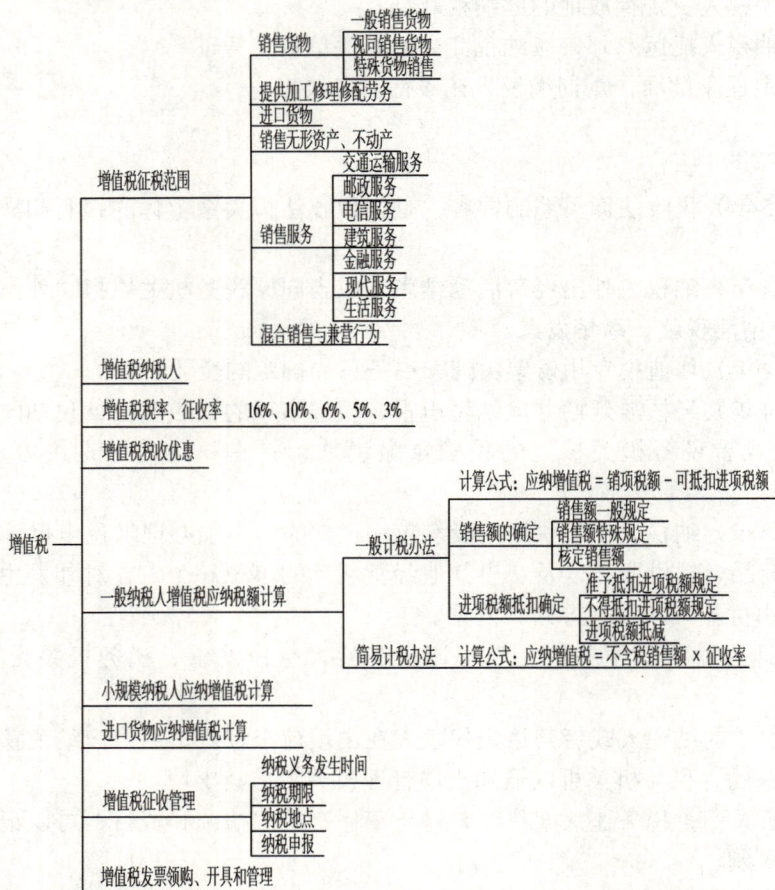

图 3-1 本项目基本结构框架图

本项目重难点与业务处理总结

一、征税范围

1.销售货物

销售货物，是指在中国境内有偿转让货物的所有权。

（1）货物，是指有形动产，包括电力、热力、气体在内。

（2）有偿，是指从购买方取得货币、货物或其他经济利益。

2.视同销售货物（八种情形）

请归纳总结视同销售货物行为，并填入表3-1。

表 3-1　　　　　　　　　　　　　视同销售货物行为

类型	具体情形
代销业务	
货物移送	
自产、委托加工、购进货物的特殊处置	

3.销售服务、无形资产、不动产

（1）销售服务。请归纳总结销售服务征税范围，并填入表3-2。

表 3-2　　　　　　　　　　　　　销售服务征税范围

服务类型	具体范围
交通运输服务	
邮政服务	
电信服务	
建筑服务	
金融服务	
现代服务	
生活服务	

（2）销售无形资产。销售无形资产，是指有偿转让无形资产所有权或使用权的业务活动。无形资产包括专利和非专利技术、商标、著作权、商誉、自然资源使用权和其他权益性无形资产。

①自然资源使用权，包括土地使用权、海域使用权、探矿权、采矿权、取水权和其他自然资源使用权。

②其他权益性无形资产，包括基础设施资产经营权、公共事业特许权、配额、经营权（含特许经营权、连锁经营管理权、其他经营权）、经销权、分销权、代理权、会员权、席

位权、网络游戏虚拟道具、域名、名称权、肖像权、冠名权、转会费等。

（3）**销售不动产**。销售不动产，是指无偿转让不动产所有权的业务活动。

①"不动产"指建筑物、构筑物，不包括土地使用权。

②转让建筑物有限产权或永久使用权的，转让在建的建筑物或者构筑物所有权的，以及在转让建筑物或构筑物时"一并转让"其所占土地的使用权的，按照销售不动产缴纳增值税。

（4）**视同销售服务、无形资产或不动产**。

①单位或个人向其他单位或个人无偿提供服务，但用于公益事业或者以社会公众为对象的除外。

②单位或个人向其他单位或个人无偿转让无形资产或不动产，但用于公益事业或者以社会公众为对象的除外。

4.混合销售和兼营行为

请归纳总结混合销售与兼营行为的异同点，并填入表3-3。

表3-3　　　　　　　　　　　　　混合销售与兼营行为的异同点

行为类型	相同点	不同点	税务处理
混合销售			
兼营行为			

二、计税办法

1.一般计税方法

一般计税方法的计算公式如下：

$$当期应纳税额=当期销项税额-当期准予抵扣的进项税额$$
$$当期销项税额=不含增值税销售额×适用税率$$
$$=含税销售额÷（1+适用税率）×适用税率$$

2.简易计税方法

简易计税方法的计算公式如下：

$$应纳税额=不含税销售额×征收率$$
$$=含税销售额÷（1+征收率）×征收率$$

三、销售额的确定

1.一般规定

销售额，是指纳税人销售货物、劳务、服务、无形资产或不动产向购买方收取的全部价款和价外费用，但不包括收取的增值税税额。除另有规定外，价外费用无论其会计制度如何核算，均应并入销售额计算增值税。

2.核定销售额

（1）**需要核定销售额的情形**。

①视同销售行为，无销售额的；

②纳税人销售货物、提供应税劳务或销售服务、无形资产、不动产的价格明显偏低或

者偏高且不具有合理商业目的的。

（2）**核定方法**。主管税务机关应按下列顺序核定销售额：

①按纳税人最近时期同类货物的平均销售价格确定；

②按其他纳税人最近时期同类货物的平均销售价格确定；

③按组成计税价格确定。

（3）**组成计税价格**。

①不涉及应税消费品。其计算公式如下：

$$组成计税价格=成本+利润$$
$$=成本×（1+成本利润率）$$

②涉及应税消费品。其计算公式如下：

$$组成计税价格=成本+利润+消费税税额$$
$$=成本×（1+成本利润率）+消费税税额$$
$$=成本×（1+成本利润率）÷（1-消费税税率）$$

3.特殊规定

（1）**商业折扣（即折扣销售）方式销售**。请归纳总结商业折扣销售税务处理，并填入表3-4。

表3-4　　　　　　　　　　商业折扣销售税务处理

销售额和折扣额开在同一发票上"金额"栏分别注明的	
折扣额另开发票	

（2）**以旧换新方式销售**。请归纳总结以旧换新销售税务处理，并填入表3-5。

表3-5　　　　　　　　　　以旧换新销售税务处理

一般货物以旧换新	
金银首饰以旧换新	

（3）**收取包装物押金的销售**。请归纳总结包装物押金销售税务处理，并填入表3-6。

表3-6　　　　　　　　　　包装物押金销售税务处理

一般货物、啤酒、黄酒			酒类产品（不包括啤酒、黄酒）的包装物押金
包装物押金单独核算		包装物押金不单独核算	
尚未逾期	逾期未收回的包装物押金		

四、进项税额的抵扣规定

1.准予从销项税额中抵扣的进项税额

（1）**凭票抵扣的进项税额**。

①从销售方取得的增值税专用发票（含税控机动车销售统一发票）上注明的增值税额；

②从海关取得的海关进口增值税专用缴款书上注明的增值税额；

③接受从境外单位和个人提供的应税劳务，从税务机关或代理人取得的税收缴款凭证上注明的增值税额。

（2）**计算抵扣的进项税额。**财税〔2018〕32号文件规定，农产品增值税扣除率由原来的11%降低至10%，购进农产品，除取得增值税专用发票或者海关进口增值税专用缴款书外，按照农产品收购发票或者销售发票上注明的农产品买价和10%的扣除率计算进项税额。其计算公式如下：

$$进项税额=买价×扣除率（10\%）$$

2.不得从销项税额中抵扣的进项税额

请归纳总结不得抵扣进项税额情形，并填入表3-7。

表3-7　　　　　　　　　　　　不得抵扣进项税额情形

用于不产生销项税额的项目不得抵扣进项税额	
因管理不善损失而不得抵扣进项税额	
其他不得抵扣进项税额的情形	

3.扣减进项税额

（1）**已抵扣的进项税额改变用途（进项税额转出）。**

（2）**进货退出或折让。**

五、增值税纳税义务发生时间

1.销售货物、提供应税劳务

纳税义务发生时间为收讫销售款项或者取得索取销售款项凭据的当天；先开具发票的，为开具发票的当天。按销售结算方式的不同，具体纳税义务发生时间有差异。请归纳总结不同销售结算方式下纳税义务时间，并填入表3-8。

表3-8　　　　　　　　　　不同销售结算方式下纳税义务时间

销售结算方式	纳税义务发生时间
采取赊销和分期收款结算方式的	
委托其他纳税人代销货物的	
采取预收款结算方式的	
采取托收承付、委托收款结算方式的	
采取其他结算方式的	

2.视同销售货物或应税劳务、服务、无形资产、不动产

纳税人发生增值税视同销售行为的，为货物移送的当天，或劳务、服务、无形资产转让完成的当天或者不动产权属变更的当天。

3.进口货物

纳税义务发生时间为报关进口的当天。

4.销售服务、无形资产、不动产

（1）纳税义务发生时间为收讫销售款项或者取得索取销售款项凭据的当天；先开具发票的，为开具发票的当天。

（2）纳税人提供建筑服务、租赁服务采用预收款方式的，为收到预收款的当天。

（3）纳税人从事金融商品转让的，为金融商品所有权转移的当天。

同步训练

基础知识训练

一、单项选择题

1.（2016年改）根据增值税法律制度规定，下列各项增值税服务中，增值税税率为16%的是（　　）。

A.邮政业服务　　　　　　　　　　B.交通运输业服务

C.有形动产租赁服务　　　　　　　D.增值电信服务

2.（2016年改）甲公司为增值税一般纳税人，2018年7月采取折扣方式销售货物一批，该批货物不含税销售额90 000元，折扣额9 000元，销售额和折扣额在同一张发票上分别注明。已知增值税税率为16%。下列甲公司当月该笔业务增值税销项税额的计算列式中，正确的是（　　）。

A.（90 000-9000）×（1+16%）×16%=15 033.6（元）

B.90 000×16%=14 400（元）

C.90 000×（1+16%）×16%=16 704（元）

D.（90 000-9 000）×16%=12 960（元）

3.（2016年改）甲商店为增值税小规模纳税人，2018年8月销售商品取得含税销售额61 800元，购入商品取得普通发票注明金额10 000元。已知增值税税率为16%，征收率为3%。下列当月应缴纳增值税税额的计算列式中，正确的是（　　）。

A.61 800÷（1+3%）×3%-10 000×3%=1 500（元）

B.61 800×3%=1 854（元）

C.61 800×3%-10 000×3%=1 554（元）

D.61 800÷（1+3%）×3%=1 800（元）

4.（2015年改）根据增值税法律制度规定，下列行为中，应视同销售货物行为征收增值税的是（　　）。

A.购进货物用于增值税应税项目　　B.购进货物用于免税项目

C.购进货物用于无偿赠送其他单位　D.购进货物用于集体福利

5.（2015年改）2018年6月甲公司销售产品取得含增值税价款116 000元，另收取包装物租金6 960元（含增值税）。已知增值税税率为16%。下列甲公司当月该笔业务增值税销项税额的计算中，正确的是（　　　　）。

　　A.116 000×（1+16%）×16%=21 529.6（元）

　　B.（116 000+6 960）÷（1+16%）×16%=16 960（元）

　　C.116 000×16%=18 560（元）

　　D.（116 000+6 960）×16%=19 673.6（元）

6.（2015年改）甲首饰店为增值税一般纳税人，2018年6月采取"以旧换新"方式销售一批金项链。该批金项链含增值税价款为139 200元，换回的旧项链作价127 60C元，甲首饰店实际收取差价款11 600元。已知增值税税率为16%。下列甲首饰店当月该笔业务增值税销项税额的计算中，正确的是（　　　　）。

　　A.139 200÷（1+16%）×16%=19 200（元）

　　B.127 600÷（1+16%）×16%=17 600（元）

　　C.139 200×16%=22 272（元）

　　D.11 600÷（1+16%）×16%=1 600（元）

7.（2014年改）甲厂为增值税一般纳税人，2018年6月销售食品取得不含增值税价款116万元，另收取包装物押金2.32万元。已知增值税税率为16%。下列甲厂当月销售食品应缴纳增值税税额的计算中，正确的是（　　　　）。

　　A.（116+2.32）÷（1+16%）×16%=16.32（万元）

　　B.116÷（1+16%）×16%=16（万元）

　　C.116×16%=18.56（万元）

　　D.[116+2.32÷（1+16%）]×16%=18.88（万元）

8.（2014年改）甲厂为增值税一般纳税人，2018年6月销售化学制品取得含增值税价款232万元，当月发生可抵扣的进项税额5.1万元，上月月末留抵的进项税额3.6万元。已知增值税税率为16%。下列甲厂当月应缴纳增值税税额的计算中，正确的是（　　　　）。

　　A.232÷（1+16%）×16%-3.6=28.4（万元）

　　B.232÷（1+16%）×16%-5.1=26.9（万元）

　　C.232×16%-5.1=32.02（万元）

　　D.232÷（1+16%）×16%-5.1-3.6=23.3（万元）

9.（2013年改）根据增值税法律制度的规定，一般纳税人购进货物发生的下列情形中，不得从销项税额中抵扣进项税额的是（　　　　）。

　　A.将购进的货物分配给股东　　　　　　B.将购进的货物用于修缮厂房

　　C.将购进的货物无偿赠送给客户　　　　D.将购进的货物用于集体福利

10.（2013年改）甲厂为增值税一般纳税人，2018年6月将500件衬衣销售给乙商场，含税单价为116元/件；由于乙商场购进的数量较多，甲厂决定给予七折优惠，于票时将销售额和折扣额在同一张发票金额栏内分别注明。已知增值税税率为16%。下列甲厂该笔业务增值税销项税额的计算中，正确的是（　　　　）。

　　A.500×116×16%=9 280（元）

　　B.500×116÷（1+16%）×16%=8 000（元）

C.500×116×70%×16%=6 496（元）

D.500×116×70%÷（1+16%）×16%=5 600（元）

二、多项选择题

1.（2016年）根据增值税法律制度的规定，下列一般纳税人购进货物的进项税额中，不得从销项税额中抵扣的有（　　　）。

A.管理不善造成被盗的购进货物的进项税额

B.被执法部门依法没收的购进货物的进项税额

C.被执法部门强令自行销毁的购进货物的进项税额

D.因地震造成毁损的购进货物的进项税额

2.（2016年）根据增值税法律制度的规定，下列各项中，销售货物应当按增值税低税率10%征收的有（　　　）。

A.粮食　　　　　　　B.图书　　　　　　　C.暖气　　　　　　　D.电力

3.（2015年）根据增值税法律制度的规定，下列各项中，购进货物的进项税额准予从销项税额中抵扣的有（　　　）。

A.将购进的货物无偿赠送给客户

B.将购进的货物作为投资提供给联营单位

C.将购进的货物用于本单位职工福利

D.将购进的货物分配给股东

4.（2015年）根据增值税法律制度的规定，下列一般纳税人价外收取的款项中，应并入销售额计算销项税额的有（　　　）。

A.包装物租金　　　　　　　　　　　　B.手续费

C.违约金　　　　　　　　　　　　　　D.受托加工应税消费品代收代缴的消费税

5.（2014年改）根据增值税法律制度的规定，下列一般纳税人购进货物发生的情形中，进项税额不得从销项税额中抵扣的有（　　　）。

A.用于厂房建设　　　　　　　　　　　B.用于个人消费

C.用于集体福利　　　　　　　　　　　D.用于对外投资

6.（2013年改）下列各项中，属于增值税征税范围的有（　　　）。

A.建筑安装　　　　　　　　　　　　　B.零售商品

C.提供加工修配劳务　　　　　　　　　D.进口货物

7.根据增值税法律制度的规定，下列有关增值税纳税义务发生时间的表述中，正确的有（　　　）。

A.纳税人采取托收承付方式销售货物的，为发出货物并办妥托收手续的当天

B.纳税人采取赊销和分期收款方式销售货物的，为货物发出的当天

C.纳税人采取预收货款方式销售货物的，为收到预收款的当天

D.纳税人发生视同销售货物行为（委托他人代销、销售代销货物除外），为货物移送的当天

8.根据增值税法律制度的规定，下列有关纳税人销售行为的情形中，不得自行开具增值税专用发票的有（　　　）。

A.销售免税药品　　　　　　　　　　　B.销售电脑给消费者个人

C.商店零售化妆品　　　　　　　　　D.小规模纳税人提供应税服务

9.根据增值税法律制度的规定，增值税一般纳税人下列各项的进项税额不得从销项税额中抵扣的有（　　）。

A.不动产在建工程使用的外购物资

B.为生产应税产品购入的原材料

C.因管理不善变质的库存购进商品

D.因管理不善被盗的产成品所耗用的购进原材料

10.下列有关直销企业增值税销售额确定的表述中，正确的有（　　）。

A.直销企业销售货物，一律按消费者支付的全部价款和价外费用确定增值税销售额

B.直销企业销售货物，一律按直销员向直销企业返回的全部价款确定增值税销售额

C.直销企业先将货物销售给直销员，直销员再将货物销售给消费者的，直销企业的销售额为其向直销员收取的全部价款和价外费用

D.直销企业通过直销员向消费者销售货物，直销企业向消费者收取货款，直销企业的销售额为其向消费者收取的全部价款和价外费用

三、判断题

1.（2016年）一般纳税人销售自产的特殊货物，可选择按照简易办法计税，选择简易办法计算缴纳增值税后一定期限内不得变更，该期限是36个月。　　　　　　（　　）

2.（2016年）残疾人提供修理自行车劳务，应当缴纳增值税。　　　　　（　　）

3.（2016年）增值税纳税人销售额未达到起征点的，免征增值税。　　　（　　）

4.（2016年）外购进口的原属于中国境内的货物，不征收进口环节增值税。（　　）

5.（2016年）个人转让著作权免征增值税。　　　　　　　　　　　　　（　　）

6.（2016年）除个体经营者外，其他个人不属于增值税一般纳税人。　　（　　）

7.（2015年）根据增值税法律制度的规定，一般纳税人销售货物向购买方收取的包装物租金，应并入销售额计算增值税销项税额。　　　　　　　　　　　　　　（　　）

8.（2015年、2013年）根据增值税法律制度的规定，采取直接收款方式销售货物，不论货物是否发出，均在收到销售款或取得索取销售款凭据的当天确认发生增值税纳税义务。　　　　　　　　　　　　　　　　　　　　　　　　　　　　　　（　　）

9.（2015年、2014年）根据增值税法律制度的规定，采取委托银行收款方式销售货物，增值税纳税义务发生时间为收取销售款的当天。　　　　　　　　　　　　　（　　）

10.（2013年）纳税人外购货物因管理不善丢失的，该外购货物的增值税进项税额不得从销项税额中抵扣。　　　　　　　　　　　　　　　　　　　　　　　　（　　）

税额计算训练

【业务案例3-1】（2016年改）甲制药厂为增值税一般纳税人，主要生产和销售降压药、降糖药及免税药。2018年7月有关经济业务如下：

（1）购进降压药原料，取得的增值税专用发票上注明的税额为85万元，支付其运输费取得增值税专用发票上注明的税额为1.32万元。

（2）购进免税药原料，取得的增值税专用发票上注明的税额为51万元，支付其运输

费取得增值税专用发票上注明的税额为0.88万元。

（3）销售降压药600箱，取得含税销售额696万元，没收逾期未退还包装箱押金23.2万元。

（4）将10箱自产的新型降压药赠送给某医院临床使用，成本4.64万元/箱，无同类药品销售价格。

（5）销售降压药500箱，其中450箱不含增值税单价为1.5万元/箱，50箱不含税销售单价为1.6万元/箱。

已知降压药、降糖药增值税税率为16%，成本利润率为10%。取得增值税专用发票已通过税务机关认证。

要求：根据上述资料，分析回答下列问题。

（1）下列甲制药厂增值税进项税额中，准予抵扣的是（   ）。

A.购进免税药原料的运输费的进项税额0.88万元

B.购进降压药原料的运输费的进项税额1.32万元

C.购进降压药原料进项税额85万元

D.购进免税药原料进项税额51万元

（2）下列甲制药厂当月销售降压药增值税销项税额的计算中，正确的是（   ）。

A.（696+23.2）×16%=115.072（万元）

B.（696+23.2）÷（1+16%）×16%=99.2（万元）

C.696×16%=111.36（万元）

D.［702+23.2÷（1+16%）］×16%=115.52（万元）

（3）下列甲制药厂当月赠送新型降压药增值税销项税额的计算中，正确的是（   ）。

A.10×4.64÷（1+16%）×16%=6.4（万元）

B.10×4.64×（1+10%）÷（1+16%）×16%=7.04（万元）

C.10×4.64×（1+10%）×16%=8.1664（万元）

D.10×4.64×16%=7.424（万元）

【业务案例3-2】（2016年改）甲公司为增值税一般纳税人，主要从事建筑、装修材料的生产和销售业务。2018年10月有关经济业务如下：

（1）购进生产用原材料取得增值税专用发票注明税额16万元，另支付运费取得增值税专用发票注明税额0.3万元。

（2）购进办公设备取得增值税专用发票注明税额3.2万元。

（3）仓库因保管不善丢失一批上月购进的零配件，该批零配件账面成本10.53万元，其中含运费成本0.23万元，购进零配件和支付运输费的进项税额均已于上月抵扣。

（4）销售装修板材取得含税价款232万元，另收取包装费2.32万元。

（5）销售一台自己使用过的机器设备取得含税销售额20.6万元，该设备于2008年2月购入。甲公司属于2008年12月31日以前未纳入扩大增值税抵扣范围试点的纳税人。

已知货物增值税税率为16%，提供交通运输服务增值税税率为10%，销售自己使用过的机器设备按简易办法依照3%征收率减按2%征收增值税，上期留抵增值税税额为5.6万元。取得的增值税专用发票已通过税务机关认证。

要求：根据上述资料，不考虑其他因素，分析回答下列问题。

（1）甲公司的下列进项税额，准予从销项税额中抵扣的是（   ）。

A.上期留抵增值税税额5.6万元　　　　B.购进办公设备进项税额3.2万元

C.购进生产用原材料进项税额16万元　　D.支付运输费进项税额0.3万元

（2）下列甲公司当月丢失零配件增值税进项税额转出的计算列式中，正确的是（　　　）。

A.10.53÷（1+16%）×16%=1.4524（万元）

B.10.53÷（1+16%）×16%+0.23×10%=1.4754（万元）

C.（10.53−0.23）×16%+0.23×10%=1.671（万元）

D.（10.53−0.23）×16%=1.648（万元）

（3）下列甲公司当月销售装修板材增值税销项税额的计算列式中，正确的是（　　　）。

A.［232+2.32÷（1+16%）］×16%=37.44（万元）

B.232÷（1+16%）×16%=32（万元）

C.232×16%=37.12（万元）

D.（232+2.32）÷（1+16%）×16%=32.32（万元）

（4）下列甲公司当月销售机器设备应缴纳增值税税额的计算列式中，正确的是（　　　）。

A.20.6÷（1+3%）×2%=0.4（万元）　　　B.20.6×2%=0.412（万元）

C.20.6×3%=0.618（万元）　　　　　　　D.20.6÷（1+3%）×3%=0.6（万元）

【业务案例3-3】（2016年改）甲食品厂为增值税一般纳税人，主要从事食品的生产和销售业务。2018年7月有关经济业务如下：

（1）购进生产用原材料取得增值税专用发票注明税额26 000元；购进办公设备取得增值税专用发票注明税额8 500元；支付包装设计费取得增值税专用发票注明税额1 200元；购进用于集体福利的食用油取得增值税专用发票注明税额2 600元。

（2）销售袋装食品取得含税价款696 000元，另收取合同违约金58 000元。

（3）采取分期收款方式销售饮料，含税总价款116 000元，合同约定分3个月收取货款，本月应收取含税价款46 400元。

（4）赠送给儿童福利院自产瓶装乳制品，该批乳制品生产成本2 320元，同类乳制品含税价款3 480元。

已知涉及货物适用增值税税率均为16%，成本利润率为10%。取得的增值税专用发票已通过税务机关认证。

要求：根据上述资料，分析回答下列问题。

（1）下列甲食品厂当月发生的进项税额中，准予从销项税额中抵扣的是（　　　）。

A.购进办公设备进项税额8 500元

B.购进用于集体福利的食用油进项税额2 600元

C.购进生产用原材料进项税额26 000元

D.支付包装设计费进项税额1 200元

（2）下列甲食品厂当月销售袋装食品增值税销项税额的计算列式中，正确的是（　　　）。

A.696 000÷（1+16%）×16%=96 000（元）

B.（696 000+58 000）×16%=120 640（元）

C.（696 000+58 000）÷（1+16%）×16%=104 000（元）

D.［696 000+58 000÷（1+16%）］×16%=119 360（元）

（3）下列甲食品厂当月销售饮料增值税销项税额的计算列式中，正确的是（　　　）。

A.46 400×16%=7 424（元）　　　　B.46 400÷（1+16%）×16%=6 400（元）

C.116 000÷（1+16%）×16%=16 000（元）　D.116 000×16%=18 560（元）

（4）下列甲食品厂当月赠送自产瓶装乳制品增值税销项税额的计算列式中，正确的是（　　）。

A.2 320÷（1+16%）×16%=320（元）　　B.3 480÷（1+16%）×16%=480（元）

C.2 320×（1+10%）×16%=408.32（元）　D.3 480×16%=556.8（元）

纳税申报实训

【实训业务3-1】实训企业基本资料如下：

公司名称：武汉智慧树广告策划有限公司；

成立日期：2016年1月1日；

纳税人识别号：42010276799133838W；

地址及电话：武汉市武昌区阅马场景观大厦1216室 027-85287711；

开户行：中国银行首义路分理处，83301040001688；

税务登记：核定为一般纳税人；

上期留抵税额5 600.12元。

2018年7月发生经济业务如下：

（1）向武汉中新管理有限公司开具含税价为300 000元的增值税专用发票一张，此为应收的广告展板喷绘款。

（2）以转账支票支付湖北电视台2018年7月广告发布费240 000元，取得增值税专用发票金额226 415.09元，税额13 584.91元。

（3）向武汉向日葵医院结算应收电视广告费260 000元，开具增值税专用发票金额245 283.02元，税额14 716.98元，款未收。

（4）以银行存款购买原材料，取得增值税专用发票金额20 400元，税额3 264元。

（5）收到武汉万源建筑工程公司开具的金额为14 000元的转账支票一张，系付我方替其在《武汉晚报》发布广告款，开具增值税专用发票金额13 207.55元，税额792.45元，企业当日填列进账单到银行进账。

（6）以转账支票购买需安装固定资产印刷机一台，取得增值税专用发票金额21 958.317元，税额3 513.33元，并以现金支付印刷机安装费780元。

（7）收到《武汉晚报》开具的向我方收取10 000元广告发布费的增值税专用发票。同日，公司开出金额为7 000元的转账支票一张，余款待广告发布完成再付清。

已知提供广告业服务适用增值税税率为6%。2018年7月取得的四张增值税专用发票已通过税务机关认证。

任务：（1）计算该企业2018年7月应纳增值税税额。

（2）根据发生的业务进行账务处理。

（3）填制武汉智慧树广告策划有限公司2018年7月增值税纳税申报表及其附表。

【实训业务3-2】实训企业基本资料如下：

企业名称：南海市华远贸易有限公司；

纳税人识别号：26810678912345656N；

企业地址：南海市人民路24号；

法人代表：刘强；

注册资本：3 000万元；

企业类型：有限责任公司；

企业开户银行及账号：中国工商银行南海市人民支行，8523171260123456789。

华远公司于2008年1月成立，为增值税一般纳税人，增值税纳税期为1个月，使用防伪税控系统。2018年5月留抵税额为3 000元，2018年6月发生主要经济业务如下：

（1）销售电子产品743 750元，开具防伪税控增值税专用发票15份。销售食用植物油550 000元，其中，开具防伪税控增值税专用发票6份，销售额为300 000元；开具普通发票18份，不含税销售额为250 000元。

（2）提供加工劳务收入425 000元，开具防伪税控增值税专用发票18份。

（3）按6%征收的货物销售额为106 000元（含税），开具防伪税控增值税专用发票2份。

（4）免税项目领用账面成本42 500元（不含税）的购进货物。

（5）因管理不善致使账面成本31 875元（不含税）的货物被盗。

（6）购进货物情况如下：

①本期认证相符且本期申报抵扣的防伪税控增值税专用发票8份，金额为648 125元，进项税额为103 700元；

②农产品收购发票14份，收购金额为379 166.67元。

已知一般货物销售增值税税率为16%，食用植物油增值税税率为10%，购入农产品用于生产增值税税率为16%的货物，购进农产品的扣除率为12%。2018年5月应纳增值税68 000元，已于2018年6月10日缴纳入库。

任务：（1）计算该企业2018年6月应纳增值税税额。

（2）填报南海市华远贸易有限公司2018年6月增值税纳税申报表及其附表。

【实训业务3-3】甲公司为小规模纳税人，2018年7—9月发生以下经济业务：7月食品应税销售额3万元，8月食品应税销售额3.8万元，9月食品应税销售额1.7万元，本季度食品应税销售额8.5万元。

甲公司有以下两种开票情况：

（1）本季度食品应税销售额8.5万元，全部为自行开具增值税普通发票；

（2）本季度食品应税销售额8.5万元，其中，5万元为自行开具发票，3.5万元为国税机关代开专用发票，税务机关代开发票时已预缴税款1 050元。

任务：填报两种开票情况下甲公司2018年第三季度小规模纳税人纳税申报表。

【实训业务3-4】甲公司为小规模纳税人，2018年7—9月发生以下经济业务：7月食品应税销售额3万元，8月食品应税销售额3.8万元，9月食品应税销售额2.7万元，本季度食品应税销售额9.5万元。

甲公司有以下两种开票情况：

（1）本季度食品应税销售额9.5万元，全部为自行开具增值税普通发票；

（2）本季度食品应税销售额9.5万元，其中，5万元为自行开具发票，4.5万元为国税机关代开专用发票，税务机关代开发票时已预缴税款1 350元。

任务：填报两种开票情况下甲公司2018年第三季度小规模纳税人纳税申报表。

项目 4

解读消费税法律制度

学习指导

消费税，是指对我国境内从事生产、委托加工和进口应税消费品的单位和个人，就其销售额或销售数量，在特定环节征收的一种税。

本项目基本结构框架

本项目基本结构框架，如图 4-1 所示。

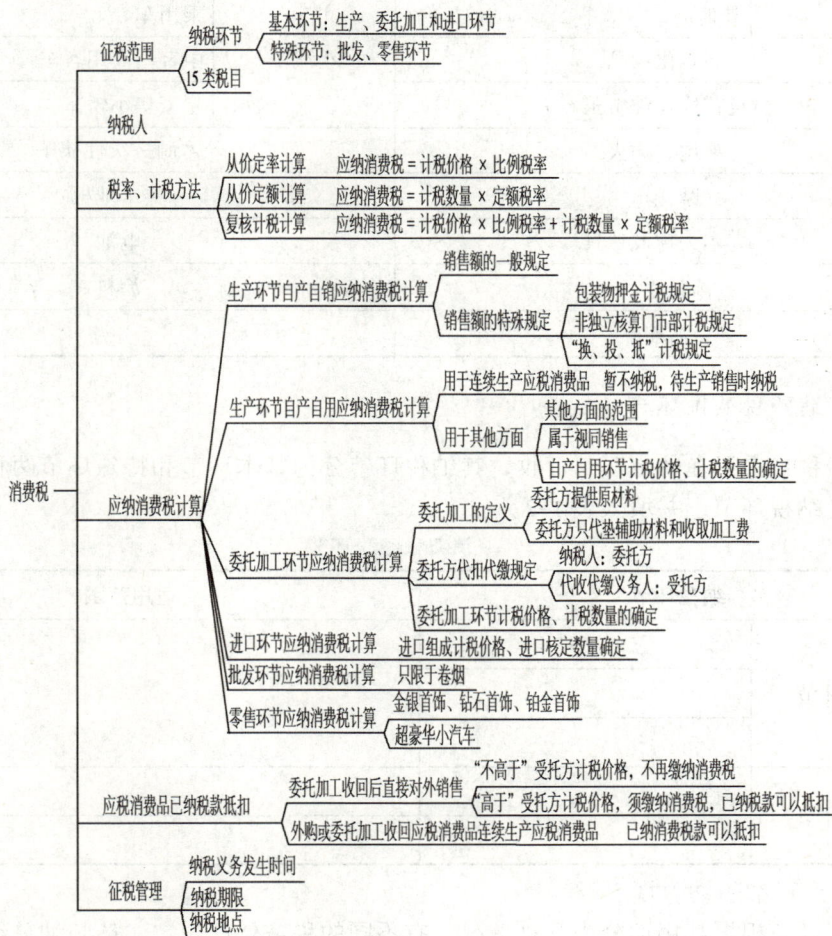

图 4-1　本项目基本结构框架图

本项目重难点与业务处理总结

一、消费税15类税目（见表4-1）

表4-1　　　　　　　　　　　　消费税税目表

税目	子税目	税目	子税目
烟	甲类卷烟	成品油	汽油
	乙类卷烟		柴油
	雪茄烟		石脑油
	烟丝		溶剂油
酒	白酒		航空煤油
	黄酒		润滑油
	啤酒		燃料油
	其他酒	小汽车	乘用车
高档化妆品			中轻型商用客车
贵重首饰及珠宝玉石			超豪华小轿车
鞭炮、焰火		木制一次性筷子	
摩托车		实木地板	
高尔夫球及球具		电池	
高档手表		涂料	
游艇			

二、消费税纳税环节

消费税目前只在特定环节征收，其纳税环节分为基本环节和特殊环节两种。请归纳总结消费税纳税环节，并填入表4-2。

表4-2　　　　　　　　　　　消费税纳税环节

纳税环节		适用范围
基本环节		
特殊环节		

1.生产环节的纳税规定

生产环节根据其用途分为几种情况，有不同的税务处理规定。请归纳总结生产环节的纳税规定，并填入表4-3。

表 4-3　　　　　　　　　　　　　生产环节的纳税规定

用途		税务处理规定
一般生产销售		
视同生产销售		
自产自用	将自产的应税消费品，用于连续生产应税消费品	
	将自产的应税消费品，用于连续生产非应税消费品	
	将自产的应税消费品用于其他方面	

2.委托加工环节的纳税规定

请归纳总结委托加工环节的纳税规定，并填入表4-4、表4-5。

表 4-4　　　　　　　　　　委托加工环节代收代缴税款规定

受托方	消费税纳税人	消费税的征收
个人		
单位		

表 4-5　　　　　　　　委托加工收回的应税消费品对外出售纳税规定

情形		纳税规定
委托方在委托加工应税消费品收回后，直接对外销售的	"不高于"受托方计税价格出售的	
	"高于"受托方计税价格出售的	
委托加工应税消费品收回后，用于连续生产应税消费品的		

三、消费税税率形式、计税公式

请归纳总结消费税税率形式、计税公式及适用范围，并填入表4-6。

表 4-6　　　　　　　　消费税税率形式、计税公式及适用范围

税率形式	适用范围	计税公式
比例税率		
定额税率		
复合税率		

四、消费税销售额或组成计税价格、销售数量的确定

1.销售额的一般规定

销售额为纳税人销售应税消费品向购买方收取的全部价款和价外费用（同增值税的价外费用），但不包括向购买方收取的销项税额。在计算消费税时，应将含税的销售额换算为不含税的销售额，其换算公式为：

应税消费品的销售额=含税销售额÷（1+增值税税率或征收率）

2.销售额的特殊规定

（1）对包装物的处理规定。请归纳总结包装物押金的涉税处理，并填入表4-7。

表4-7　　　　　　　　　　　　包装物押金的涉税处理

包装物押金	一般情况下	逾期（不再退还或收取1年以上）
一般应税消费品		
除啤酒、黄酒外的其他酒类产品		

（2）纳税人通过自设非独立核算门市部销售的自产应税消费品，应当按照门市部对外销售额或销售数量征收消费税。

（3）纳税人用于换取生产资料、消费资料、投资入股和抵偿债务等方面（即用于"换投抵"）的应税消费品，应以纳税人同类应税消费品的最高销售价格作为计税依据计算消费税。

（4）生产环节的应税消费品，出现销售额无正当理由无故偏低或视同销售没有销售额情况的，按下列顺序确定计税价格：

①纳税人生产的最近时期同类消费品的平均销售价格或最高销售价格（适用于"换投抵"）。

②若无同类销售价格，则按组成计税价格，组成计税价格计算公式为：

$$组成计税价格=成本+利润+消费税$$
$$=成本×（1+成本利润率）÷（1-消费税税率）$$
$$应纳消费税=同类销售价格/组成计税价格×消费税税率$$

应税消费品的全国平均成本利润率由国家税务总局确定。

（5）委托加工的应税消费品，出现销售额无正当理由无故偏低或视同销售没有销售额情况的，按下列顺序确定计税价格：

①按照受托方的同类应税消费品的平均销售价格计算纳税。

②按照组成计税价格计算纳税，组成计税价格计算公式为：

$$组成计税价格=（材料成本+加工费）÷（1-消费税税率）$$
$$应纳消费税=同类销售价格/组成计税价格×消费税税率$$

（6）进口应税消费品，按下列公式确定计税价格：

$$组成计税价格=关税完税价格×（1+进口关税税率）÷（1-消费税税率）$$
$$应纳消费税=组成计税价格×消费税税率$$

3.消费税销售数量的确定

请归纳总结销售数量的确定办法，并填入表4-8。

表4-8　　　　　　　　　　计税数量在不同纳税环节的具体规定

纳税环节	计税数量
销售应税消费品	
自产自用应税消费品	
委托加工应税消费品	
进口的应税消费品	

五、消费税征收管理

1.纳税义务发生时间

（1）纳税人销售应税消费品，其纳税义务发生时间为收讫销售款项或者取得索取销售款项凭据的当天；先开具发票的，为开具发票的当天。不同销售结算方式，其具体纳税义务发生时间也有差异。请归纳总结不同销售结算方式下纳税义务发生时间，并填入表4-9。

表4-9　　　　　　　不同销售结算方式下纳税义务发生时间具体规定

销售结算方式	纳税义务发生时间
采取赊销和分期收款结算方式的	
采取预收款结算方式的	
采取托收承付、委托收款结算方式的	
采取其他结算方式的	

（2）纳税人自产自用应税消费品，为移送使用的当天。

（3）纳税人委托加工应税消费品，为委托加工收回的当天。

（4）纳税人进口应税消费品，为报关进口的当天。

2.纳税期限

纳税人以1个月或1个季度为1个纳税期限的，自期满之日起15日内申报纳税；纳税人进口应税消费品，应当自海关填发海关进口消费税专用缴款书之日起15日内缴纳税款。

3.纳税地点

（1）纳税人销售应税消费品、自产自用应税消费品，除另有规定外，应当向纳税人机构所在地或者居住地主管税务机关申报纳税。

（2）委托加工的应税消费品，除受托方为个人外，由受托方向机构所在地或者居住地主管税务机关申报纳税。

（3）进口的应税消费品，应当向报关地海关申报纳税。

同步训练

基础知识训练

一、单项选择题

1.（2016年）下列各项中，进口时从量计征消费税的是（　　）。

A.红酒　　　　　　B.啤酒　　　　　　C.摄像机　　　　　　D.摩托车

2.（2016年）根据消费税法律制度的规定，下列各项中，应以纳税人同类小汽车的最高销售价格作为计税依据计算缴纳消费税的是（　　）。

A.将自产小汽车用于广告宣传　　　　　B.将自产小汽车用于抵偿债务

C.将自产小汽车用于管理部门　　　　　D.将自产小汽车用于职工奖励

3.（2016年）根据消费税法律制度的规定，下列各项中，采取从价定率和从量定额相结合的复合计征办法征收消费税的是（　　　）。

　　A.黄酒　　　　　　　　B.啤酒　　　　　　　　C.果木酒　　　　　　D.白酒

4.（2016年）2014年3月甲公司进口一批高档手表，海关审定的关税完税价格为100万元，缴纳关税30万元，已知高档手表消费税税率为20%。下列甲公司当月进口高档手表应缴纳消费税税额的计算中，正确的是（　　　）。

　　A.（100+30）×20%=26（万元）

　　B.（100+30）÷（1-20%）×20%=32.5（万元）

　　C.100×20%=20（万元）

　　D.100÷（1-20%）×20%=25（万元）

5.（2015年）根据消费税法律制度的规定，下列企业发生的经营行为中，外购应税消费品已纳消费税税额不准从应纳消费税税额中扣除的是（　　　）。

　　A.以外购已税白酒生产白酒　　　　　　　　B.以外购已税烟丝生产卷烟

　　C.以外购已税化妆品原料生产化妆品　　　　D.以外购已税实木地板原料生产实木地板

6.（2015年）某公司为增值税一般纳税人，外购香水精生产香水，3月份生产销售香水取得不含税销售收入100万元。该公司3月初库存香水精10万元，3月购进香水精100万元，3月底库存香水精20万元。已知化妆品适用的消费税税率为15%，则该公司当月应缴纳消费税（　　　）万元。

　　A.100×15%-100×15%=0　　　　　　　　B.100×15%-（10+100-20）×15%=1.5

　　C.100×15%-（20-10）×15%=13.5　　　　D.100×15%=15

7.（2015年）根据消费税法律制度的规定，下列各项中，不征收消费税的是（　　　）。

　　A.指甲油　　　　　　　B.眉笔　　　　　　　　C.沐浴液　　　　　　D.高档香水

8.（2014年）根据消费税法律制度的规定，下列各项中，属于消费税征税范围的是（　　　）。

　　A.中轻型商用客车　　　B.高档西服　　　　　　C.进口音响　　　　　　D.平板电脑

9.下列属于消费税纳税义务人的是（　　　）。

　　A.化妆品进口商　　　　B.鞭炮批发商　　　　　C.钻石零售商　　　　　D.卷烟生产商

10.（2014年）根据消费税法律制度的规定，下列各项中，应当缴纳消费税的是（　　　）。

　　A.商场销售卷烟　　　　　　　　　　　　　　B.商场销售白酒

　　C.商场销售金银首饰　　　　　　　　　　　　D.商场销售化妆品

二、多项选择题

1.（2016年）根据消费税法律制度的规定，下列情形中，应以纳税人同类应税消费品的最高销售价格作为计税依据计算消费税的有（　　　）。

　　A.将自产应税消费品用于换取生产资料　　　B.将自产应税消费品用于投资入股

　　C.将自产应税消费品用于无偿赠送　　　　　D.将自产应税消费品用于抵债

2.（2016年）下列各项中，实行从量定额计征消费税的有（　　　）。

　　A.白酒　　　　　　　　B.啤酒　　　　　　　　C.黄酒　　　　　　　　D.卷烟

3.（2015年）根据消费税法律制度的规定，下列消费品中，实行从量定额与从价定率相结合的复合计征办法征收消费税的有（　　　）。

A.卷烟　　　　　　B.成品油　　　　　　C.白酒　　　　　　D.小汽车

4.（2015 年）根据消费税法律制度的规定，下列各项中，应并入白酒的销售额计征消费税的有（　　）。

A.优质费　　　　　　　　　　　　　　B.包装物的租金

C.包装物的押金　　　　　　　　　　　D.商标使用费（品牌使用费）

5.（2015 年）根据消费税法律制度的规定，下列关于消费税纳税义务发生时间的表述中，正确的有（　　）。

A.纳税人自产自用应税消费品的，为移送使用的当天

B.纳税人委托加工应税消费品的，为交付加工费的当天

C.纳税人进口应税消费品的，为报关进口的当天

D.纳税人销售应税消费品采取预收款方式的，为发出应税消费品的当天

6.（2014 年）酒厂生产销售白酒，下列收取的款项中，应并入销售额缴纳消费税的有（　　）。

A.品牌使用费　　　　B.优质费　　　　C.包装费租金　　　D.储备费

7.（2014 年）根据消费税法律制度的规定，下列消费品中，实行从价定率和从量定额相结合的复合计征办法征收消费税的有（　　）。

A.白酒　　　　　　B.卷烟　　　　　　C.啤酒　　　　　　D.烟丝

8.（2014 年）根据消费税法律制度的规定，下列情形中，应缴纳消费税的有（　　）。

A.卷烟厂将自产卷烟用于个人消费

B.化妆品厂将自产的化妆品赠送给客户

C.酒厂将自产的啤酒赞助啤酒节

D.地板厂将自产的实木地板用于办公室装修

9.下列各项中，不需要计算缴纳消费税的有（　　）。

A.汽车销售公司销售小客车　　　　　B.烟草专卖店零售卷烟

C.木材公司销售自产的实木地板　　　D.商场销售黄金项链

10.纳税人自产的应税消费品发生的下列情形中，应以纳税人同类应税消费品的最高销售价格作为消费税计税依据的有（　　）。

A.用于抵债的应税消费品　　　　　　B.用于馈赠的应税消费品

C.用于换取生产资料的应税消费品　　D.对外投资入股的应税消费品

三、判断题

1.（2016 年）纳税人采取以旧换新方式销售的金银首饰，应按实际收取的不含税的全部价款征收消费税。（　　）

2.（2016 年）纳税人通过自设非独立核算门市部销售的自产应税消费品，应按照门市部对外销售额或销售数量征收消费税。（　　）

3.（2016 年）白酒生产企业向商业销售单位收取的"品牌使用费"，应并入白酒的销售额缴纳消费税。（　　）

4.（2015 年）根据消费税法律制度的规定，金银首饰与其他产品组成成套消费品销售的，按销售全额征收消费税。（　　）

5.（2015年）企业加工生产的宝石胚，不属于消费税的征税范围。　　（　　）

6.（2015年）购进中轻型商用客车整车改装生产的汽车，不征收消费税。（　　）

7.（2014年）委托加工的应税消费品，除受托方为个人外，应由受托方在向委托方交货时代收代缴消费税。　　（　　）

8.（2014年）高档手表采用从量计征办法计缴消费税。　　（　　）

9.我国的消费税在生产销售、委托加工和进口环节课征，并实行单一环节征税，批发、零售环节一律不征收消费税。　　（　　）

10.纳税人将自产的香水精连续生产高档化妆品，移送时应当缴纳消费税。（　　）

税额计算训练

【业务案例4-1】（2016年改）甲餐具生产厂为增值税一般纳税人，主要从事一次性餐具的生产和销售业务。2018年8月有关经济业务如下：

（1）收购原木，开具的农产品收购发票注明买价33 900元，运输途中发生合理损耗452元。

（2）采取预收款方式向乙公司销售一次性餐具，8月1日双方签订销售合同；8月3日预收全部含税货款116 000元，另收包装费3 480元；8月15日和8月25日各发出50%的餐具。

（3）受托加工木制一次性筷子，收取不含税加工费17 100元，委托方提供的原材料成本39 900元。甲餐具生产厂无同类木制一次性筷子销售价格。

已知增值税税率为16%，农产品扣除率为10%，木制一次性筷子消费税税率为5%。

要求：根据上述资料，分析回答下列问题。

（1）下列甲餐具生产厂当月收购原木准予抵扣的增值税进项税额的计算列式中，正确的是（　　）。

A.（33 900−452）÷（1+10%）×10%=3 040.73（元）

B.33 900×10%=3 390（元）

C.33 900÷（1+10%）×10%=3 081.82（元）

D.（33 900−452）×10%=3 344.8（元）

（2）甲餐具生产厂采取预收款方式销售一次性餐具，其增值税纳税义务发生时间是（　　）。

A.8月15日　　　　　B.8月25日　　　　　C.8月3日　　　　D.8月1日

（3）下列甲餐具生产厂当月销售一次性餐具增值税销项税额的计算列式中，正确的是（　　）。

A.116 000×16%=18 560（元）

B.116 000÷（1+16%）×16%=16 000（元）

C.（116 000+3 480）÷（1+16%）×16%=16 480（元）

D.（116 000+3 480）×16%=19 116.8（元）

（4）下列甲餐具生产厂当月受托加工木质一次性筷子应代收代缴消费税税额的计算列式中，正确的是（　　）。

A.（39 900+17 100）÷（1−5%）×5%=3 000（元）

B.17 100÷（1-5%）×5%=900（元）

C.（39 900+17 100）×5%=2 850（元）

D.17 100×5%=855（元）

【业务案例4-2】（2016年改）甲公司为增值税一般纳税人，主要从事汽车销售和维修业务。2018年10月有关经济业务如下：

（1）进口一批排气量4.0升小汽车，海关核定到岸价格720万元，缴纳关税180万元，支付境内运费4.2万元。

（2）销售小汽车取得含税价款1 053万元，另收取提车加价款42.12万元。

（3）对外提供汽车维修劳务取得含税维修费63.18万元，其中含工时费28.08万元、材料费35.1万元。

已知排气量4.0升小汽车消费税税率为25%，增值税税率为16%。

要求：根据上述资料，不考虑其他因素，分析回答下列问题。

（1）下列甲公司进口排气量4.0升小汽车应缴纳消费税税额的计算列式中，正确的是（　　）。

A.（720+4.2）×25%=181.05（万元）

B.（720+180）÷（1-25%）×25%=300（万元）

C.（720+180+4.2）÷（1-25%）×25%=301.4（万元）

D.（720+180+4.2）×25%=226.05（万元）

（2）甲公司进口排气量4.0升小汽车应按照组成计税价格和规定税率计算增值税应纳税额，下列各项中，应计入组成计税价格的是（　　）。

A.消费税　　　　　　　B.关税　　　　　　　　C.到岸价格　　　D.境内运费

（3）下列甲公司销售小汽车增值税销项税额的计算列式中，正确的是（　　）。

A.（1 053+42.12）÷（1+16%）×16%=151.05（万元）

B.［1 053÷（1+16%）+42.12］×16%=151.98（万元）

C.［1 053+42.12÷（1+16%）］×16%=174.29（万元）

D.（1 053+42.12）×16%=175.22（万元）

（4）下列甲公司对外提供汽车维修劳务增值税销项税额的计算列式中，正确的是（　　）。

A.63.18×16%=10.1088（万元）

B.（63.18-35.1）×16%=4.4928（万元）

C.（63.18-28.08）×16%=5.616（万元）

D.63.18÷（1+16%）×16%=8.7145（万元）

纳税申报实训

【实训业务4】成都金沙卷烟厂（纳税人识别号：9151010 5201002666T）为增值税一般纳税人，生产销售红鹤牌、紫荆牌卷烟和雪茄烟，同时经营进口卷烟。2018年10月有关消费税纳税业务如下：

（1）发往信德加工厂烟叶一批，委托加工烟丝，该批烟叶的账面成本35万元，支付不含税加工费15万元并取得税控专用发票，该烟丝加工厂没有同类烟丝的销售价格。

（2）从国外进口万宝牌卷烟100标准箱（每条200支），支付买价165万元，支付到达我国海关前的运输费用 1.5 万元、保险费用 1.2 万元，假定进口卷烟的关税税率为 20%。

（3）委托信德加工厂加工烟丝收回后全部用于加工生产红鹤牌卷烟，出售生产的卷烟 50 标准箱，取得不含税收入 93.75 万元。

（4）将 25 标准箱红鹤牌卷烟与嘉庆实业有限公司（一般纳税人）换取原材料，该公司提供原材料价款 40 万元，增值税 6.4 万元，双方均按合同规定的价格开具了增值税专用发票（红鹤牌卷烟的最高售价为 21 250 元/箱）。

（5）销售紫荆牌卷烟给各商场 120 标准箱，取得不含税销售收入 360 万元，由于货款收回及时，给了各商场 2% 的现金折扣。

（6）本月销售冠胜牌雪茄烟 120 盒，取得不含税销售额 60 万元，收取包装费 4 957.26 元，开具普通发票。

已知卷烟消费税比例税率 56% 加收 150 元/箱，烟丝消费税税率为 30%，雪茄烟消费税税率为 36%。增值税税率为 16%。假定期初未缴纳消费税 2 352 640 元，本月 15 日已缴纳上月消费税。

要求：

（1）计算信德加工厂代收代缴的消费税。

（2）计算卷烟厂进口万宝牌卷烟应缴纳的消费税。

（3）计算卷烟厂本月应纳的消费税（不包括进口环节消费税）。

（4）填制该企业"烟类应税消费品消费税纳税申报表"和"本期准予扣除税额计算表"。

解读企业所得税法律制度

企业所得税，是指对我国境内的企业和取得收入的组织就其生产经营所得和其他所得征收的一种税。

本项目基本结构框架

本项目基本结构框架，如图 5-1 所示。

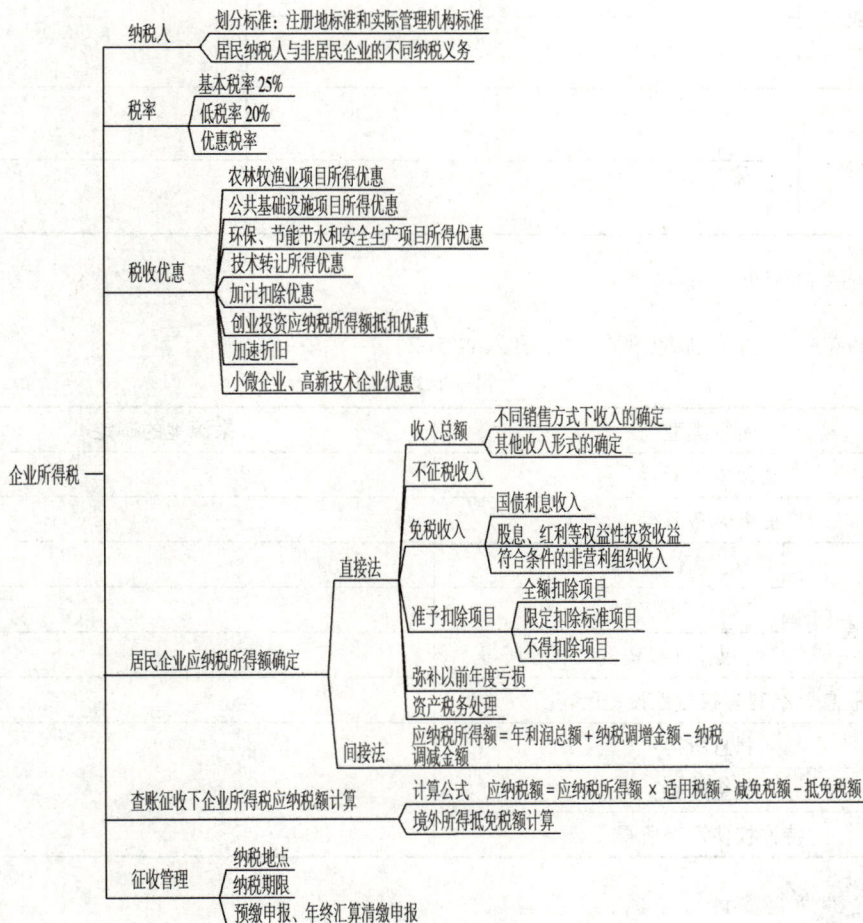

图 5-1　本项目基本结构框架图

本项目重难点与业务处理总结

一、企业所得税纳税人

在中华人民共和国境内，企业和其他取得收入的组织（以下统称企业）为企业所得税的纳税人。但依照中国法律、行政法规成立的个人独资企业、合伙企业，不适用《中华人民共和国企业所得税法》，不属于企业所得税纳税义务人。

企业所得税采取收入来源地管辖权和居民管辖权相结合的双重管辖权，根据注册地标准和实际管理机构所在地标准，将企业划分为居民企业和非居民企业，分别确定不同的纳税义务。

请归纳总结企业所得税纳税人，并填入表5-1。

表5-1　　　　　居民企业和非居民企业划分标准及纳税义务

	划分标准	纳税义务
居民企业		
非居民企业		

二、所得来源地的确定

请归纳总结所得来源地规定，并填入表5-2。

表5-2　　　　　所得来源地规定

所得类型		来源地的确定
销售货物所得		
提供劳务所得		
转让财产所得	不动产转让所得	
	动产转让所得	
	权益性投资资产转让所得	
股息、红利等权益性投资所得		
利息所得		
租金所得		
特许权使用费所得		

三、企业所得税计税依据、两种计税方法

企业所得税的计税依据为企业的应纳税所得额，即指企业每一纳税年度的收入总额，

减除不征税收入、免税收入、各项扣除以及允许弥补的以前年度亏损后的余额。

　　企业应纳税所得额的计算，以权责发生制为原则。在计算应纳税所得额时，企业财务、会计处理办法与税收法律法规的规定不一致的，应当依照税收法律法规的规定计算。

　　在实际计算过程中，应纳税所得额的计算一般有两种办法：

1.直接计算法

$$应纳税所得额=\frac{收入}{总额}-\frac{不征税}{收入}-\frac{免税}{收入}-\frac{准予扣除}{项目金额}-\frac{弥补以前}{年度亏损}$$

2.间接计算法

$$应纳税所得额=会计利润总额±纳税调整项目金额$$

3.纳税调整增加额

（1）在计算会计利润时已经扣除，但税法规定不能扣除的项目金额；

（2）在计算会计利润时已经扣除，但超过税法规定扣除标准部分的金额；

（3）未计或者少计的应税收益。

4.纳税调整减少额

（1）允许加计扣除的费用；

（2）减税或者免税收益；

（3）弥补以前年度（5年内）未弥补的亏损。

四、企业所得税应纳税所得额的确定

1.收入总额

　　企业收入总额，是指以货币形式和非货币形式从各种来源取得的收入，包括不征税收入和免税收入。

　　（1）企业所得税不同收入确认时间。请归纳总结不同销售方式下收入的确认时间，并填入表5-3。

表5-3　　　　　　　　　　　　不同销售方式下收入的确认时间

收入类型		企业所得税应税收入确认时间
销售货物收入	采用托收承付方式	
	采用预收款方式	
	销售商品需要安装和检验的	
	采用支付手续费方式委托代销	
	采用分期收款和赊销方式	
	采取产品分成方式	
提供劳务收入		
股息、红利等权益性投资收益		
利息收入		
租金收入		
特许权使用费收入		
接受捐赠收入		

　　（2）不征税收入。不征税收入，是指从性质和根源上不属于企业营利性活动带来的经济利益、不作为应纳税所得额组成部分的收入。下列收入属于不征税收入：

①财政拨款；

②依法收取并纳入财政管理的行政事业性收费、政府性基金；

③国务院规定的其他不征税收入；

④无偿划入企业的国有资产。

（3）**免税收入**。免税收入，是指属于企业的应税所得，但是按照税法规定免予征收企业所得税的收入。其主要包括：

①国债利息收入免税。

②股息、红利等权益性投资收益，按税法规定的条件免税。一是从居民企业取得免税：符合条件的居民企业之间的股息、红利等权益性投资收益免税；在中国境内设立机构、场所的非居民企业从居民企业取得与该机构、场所有实际联系的股息、红利等权益性投资收益免税。二是直接投资所得收益免税（不包括连续持有居民企业公开发行并上市流通的股票"不足12个月"取得的收益）。

③符合条件的非营利组织的收入，但不包括非营利组织从事营利活动取得的收入，国务院财政、税务主管部门另有规定的除外。

（4）**不征税收入与免税收入的比较**。

请比较不征税收入和免税收入，并填入表5-4。

表5-4　　　　　　　　　　　不征税收入和免税收入的比较

	共同点	不同点
不征税收入		
免税收入		

2.税前扣除项目

企业"实际发生"的与取得收入"有关"的、"合理"的支出，包括成本、费用、税金、损失和其他支出（见表5-5），准予在计算应纳税所得额时扣除。

表5-5　　　　　　　　　　　企业所得税税前扣除项目汇总

项目	基本内容
成本	包括主营业务成本、其他业务成本和视同销售成本
费用	包括销售费用、管理费用和财务费用
税金	2税不得扣除：增值税（不得抵扣计入成本等的除外）、企业所得税； 9税1费计入税金及附加在当期扣除：消费税、资源税、土地增值税、出口关税、城市维护建设税、教育费附加、房产税、车船税、城镇土地使用税、印花税； 4税发生当期计入相关资产成本，以后各期分摊扣除：车辆购置税、契税、进口关税、耕地占用税
损失	指企业在生产经营活动中发生的固定资产和存货盘亏、毁损、报废损失，转让财产损失，呆账损失，坏账损失，以及自然灾害等不可抗力因素造成的损失及其他损失
其他支出	除上述项目外，企业在生产经营活动中发生的，与生产经营活动有关的、合理的支出

（1）与人员报酬、福利等相关税前扣除项目的规定。

请归纳总结人员报酬、福利相关项目税前扣除规定，并填入表5-6。

表 5-6　　　　　　　　　　与人员报酬、福利相关项目的税前扣除规定

项目	税前扣除规定
工资、薪金	
职工福利费	
职工工会经费	
职工教育经费	
基本社会保险、住房公积金	
补充社会保险	
财产保险	
劳动保护支出	
特殊工种职工支付的人身安全保险费	
商业保险费	

（2）与生产经营直接相关的税前扣除项目。

请归纳总结与生产经营直接相关项目税前扣除规定，并填入表5-7。

表 5-7　　　　　　　　　　与生产经营直接相关项目的税前扣除规定

项目		税前扣除规定
业务招待费		
广告费和业务宣传费		
利息费用	据实扣除	
	限额扣除	
借款费用		
公益性捐赠		
经营租赁费		
资产损失		
其他扣除项目	环境保护专项资金	
	汇兑损失	
	手续费及佣金支出	

（3）不得税前扣除项目。

在计算应纳税所得额时，下列支出不得扣除：

①向投资者支付的股息、红利等权益性投资收益款项；

②企业所得税税款；

③税收滞纳金；

④罚金、罚款和被没收财物的损失；

⑤超过规定标准的捐赠支出；

⑥非广告性质的赞助支出；

⑦未经核定的准备金支出；

⑧企业之间支付的管理费、企业内营业机构之间支付的租金和特许权使用费，以及非银行企业内营业机构之间支付的利息；

⑨与取得收入无关的其他支出。

3.以前年度亏损的弥补

亏损，是指企业将每一纳税年度的收入总额减除不征税收入、免税收入和各项扣除后小于零的数额。根据税法规定，企业某一纳税年度发生的亏损可以用下一年度的所得弥补，下一年度的所得不足以弥补的，可以逐年延续弥补，但最长不得超过 5 年。

4.企业所得税税收优惠

请归纳总结企业所得税税收优惠，并填入表5-8。

表 5-8　　　　　　　　　　企业所得税税收优惠政策汇总

优惠类型		优惠规定
农林牧渔业项目所得		
国家重点扶持的公共基础设施项目		
环境保护、节能节水和安全生产项目	环境保护、节能节水	
	购置并使用环境保护、节能节水、安全生产的专用设备	
技术转让所得		
加计扣除	研究开发费用加计扣除	
	安置残疾人员的工资加计扣除	
创业投资企业采取股权投资方式投资于未上市的中小高新技术企业2年以上的		

优惠类型		优惠规定
固定资产加速折旧政策	适用所有企业的高耗能固定资产	
	适用所有企业单价不超过 5 000 元的固定资产	
	适用于 2014 年 1 月 1 日以后购进的所有企业专用研发的固定资产	
	适用十大重点行业的固定资产	
小型微利企业优惠		
高新技术企业		
非居民企业		
企业综合利用资源		
境外机构投资者权益性投资资产转让		
西部地区		
民族自治地方		

5. 资产的税务处理

请归纳总结资产税务处理规定，并填入表 5-9。

表 5-9　　　　　　　　各类资产税务处理规定

资产	扣除规定及计税基础确定
固定资产	

资产	扣除规定及计税基础确定
无形资产	
生产性生物资产	
长期待摊费用	
投资资产	
存货	

五、企业所得税应纳税额的计算

1.居民企业查账征收方式下应纳税额的计算

查账征收方式下，居民企业应缴纳企业所得税税额的基本计算公式为：

应纳税额=应纳税所得额×适用税率-减免税额-抵免税额

从计算公式可以看出，应纳税额的多少与应纳税所得额和适用税率相关。在实际工作中，主要采用间接计算法计算确定应纳税所得额，其计算公式为：

应纳税所得额=会计利润总额 + 纳税调增-纳税调减-弥补以前年度亏损

2.非居民企业应纳税额的计算

对于在中国境内未设立机构、场所的，或者虽设立机构、场所但所得与其所设机构、场所没有实际联系的非居民企业，按照下列方法计算其应纳税所得额：

（1）股息、红利等权益性投资收益和利息、租金、特许权使用费所得，以收入全额为应纳税所得额；

（2）转让财产所得，以收入全额减除财产净值后的余额为应纳税所得额；

（3）其他所得，参照前两项规定的方法计算应纳税所得额。

应纳税额的计算公式如下：

$$应纳所得税税额 = 应纳税所得额 \times 实际征收率（10\%）$$

六、企业所得税征收管理

请归纳总结企业所得税征收管理规定，并填入表 5-10。

表 5-10　　　　　　　　　　　　企业所得税征收管理规定

类型	纳税地点	纳税期限
居民企业		
在中国境内设立机构、场所的非居民企业		
在中国境内未设立机构、场所的，或者虽设立机构、场所但取得的所得与其所设机构、场所没有实际联系的非居民企业		

同步训练

基础知识训练

一、单项选择题

1.（2016 年）根据企业所得税法律制度的规定，下列关于企业所得税税前扣除的表述中，不正确的是（　　）。

A.企业发生的合理的工资、薪金的支出，准予扣除

B.企业发生的职工福利费支出超过工资、薪金总额的 14% 的部分，准予在以后纳税年度结转扣除

C.企业发生的合理的劳动保护支出，准予扣除

D.企业参加财产保险，按照规定缴纳的保险费，准予扣除

2.（2016 年）甲公司 2015 年应纳税所得额为 1 000 万元，减免税额为 10 万元，抵免税额为 20 万元，所得税税率为 25%。下列企业所得税应纳税额的计算公式中，正确的是（　　）。

A.1 000×25%-20　　　　　　　　　　　B.1 000×25%-10-20

C.1 000×25%-10　　　　　　　　　　　D.1 000×25%

3.（2016 年）某企业销售收入为 1 000 万元，实际发生的业务招待费用为 6 万元，税

法规定可按实际发生额的60%扣除但不得超过销售收入的5‰，则准予扣除的业务招待费为（　　）万元。

A.6　　　　　　　　　B.3.6　　　　　　　　　C.4.97　　　　　　　　D.5

4.（2015年）根据企业所得税法律制度的规定，下列固定资产中，在计算企业所得税应纳税所得额时，准予计算折旧扣除的是（　　）。

A.以融资租赁方式租出的大型机床　　　　B.已投入使用的厂房

C.以经营租赁方式租入的载货汽车　　　　D.已足额提取折旧仍继续使用的电脑

5.（2015年）2014年5月甲公司向非关联企业乙公司借款100万元用于生产经营，期限为半年，双方约定利率为10%，已知甲、乙公司都是非金融企业，金融企业同期同类贷款年利率为7.8%。甲公司在计算当年企业所得税应纳税所得额时，准予扣除的利息费用为（　　）万元。

A.7.8　　　　　　　　B.10　　　　　　　　　C.3.9　　　　　　　　D.5

6.（2014年）根据企业所得税法律制度的规定，下列各项中，在计算企业所得税应纳税所得额时准予扣除的是（　　）。

A.向投资者支付的股息　　　　　　　　　　B.税收滞纳金

C.违反合同的违约金　　　　　　　　　　　D.违法经营的行政罚款

7.（2013年）根据企业所得税法律制度的规定，在计算企业所得税应纳税所得额时，允许按照税法规定的标准扣除的是（　　）。

A.税收滞纳金　　　　　　　　　　　　　　B.企业拨缴的工会经费

C.赞助支出　　　　　　　　　　　　　　　D.企业所得税税款

8.（2013年）根据企业所得税法律制度的规定，下列各项中，属于免税收入的是（　　）。

A.企业接受社会捐赠收入　　　　　　　　　B.转让企业债券取得的收入

C.已作坏账损失处理后又收回的应收账款　　D.国债利息收入

9.（2013年改）甲企业2018年合理工资、薪金支出100万元，发生职工福利费18万元、职工教育经费1.5万元，已知职工福利费、职工教育经费的扣除比例分别不超过14%和8%。甲企业计算2018年企业所得税应纳税所得额时，准予扣除的职工福利费和职工教育经费合计为（　　）万元。

A.100×14%+1.5=15.5　　　　　　　　　　B.100×14%+100×8%=22

C.18+1.5=19.5　　　　　　　　　　　　　D.18+100×8%=26

10.（2013年）根据企业所得税法律制度的规定，下列固定资产中，在计算企业所得税应纳税所得额时准予扣除折旧费的是（　　）。

A.未投入使用的房屋　　　　　　　　　　　B.以经营租赁方式租入的固定资产

C.未投入使用的机器设备　　　　　　　　　D.以融资租赁方式租出的固定资产

二、多项选择题

1.（2016年）下列固定资产在企业所得税前不得计算扣除折旧的有（　　）。

A.未使用的厂房　　　　　　　　　　　　　B.经营租赁方式租入的固定资产

C.已足额提取折旧仍继续使用的固定资产　　D.与经营活动无关的固定资产

2.（2016年）根据企业所得税法律制度的规定，下列关于企业所得税纳税期限的表述中，正确的有（   ）。

A.企业所得税按年计征，分月或者分季预缴，年终汇算清缴，多退少补

B.企业在一个纳税年度中间开业，使该纳税年度的实际经营不足12个月的，应当以其实际经营期为一个纳税年度

C.企业依法清算时，应当以清算期作为一个纳税年度

D.企业在纳税年度中间终止经营活动的，应当自实际经营终止之日起60日内，向税务机关办理当期企业所得税汇算清缴

3.（2016年）根据企业所得税法律制度的规定，下列依照中国法律、行政法规成立的公司、企业中，属于企业所得税纳税人的有（   ）。

A.国有独资公司   B.合伙企业

C.个人独资企业   D.一人有限责任公司

4.（2015年）根据企业所得税法律制度的规定，下列各项中，属于转让财产收入的有（   ）。

A.转让股权收入   B.转让固定资产收入

C.转让土地使用权收入   D.转让债权收入

5.（2015年）根据企业所得税法律制度的规定，在计算企业所得税应纳税所得额时，准予扣除的有（   ）。

A.向客户支付的合同违约金   B.向税务机关支付的税收滞纳金

C.向银行支付的逾期借款利息   D.向公安部门缴纳的交通违章罚款

6.（2014年）根据企业所得税法律制度的规定，下列各项中，准予在以后年度结转扣除的有（   ）。

A.职工教育经费   B.广告费   C.业务宣传费   D.业务招待费

7.（2014年）企业从事下列项目的所得，免征企业所得税的有（   ）。

A.中药材的种植   B.树木的种植   C.花卉的种植   D.香料作物的种植

8.（2013年）根据企业所得税法律制度的规定，下列各项中，在计算企业所得税应纳税所得额时不得扣除的有（   ）。

A.被行政机关处以的罚款   B.与取得收入无关的费用

C.被人民法院处以的罚金   D.向投资者分配的红利

9.（2013年改）下列属于企业所得税税前允许扣除的税金有（   ）。

A.企业所得税   B.土地增值税

C.城镇土地使用税   D.城市维护建设税

10.（2013年改）甲企业2018年利润总额为2 000万元，工资、薪金支出为1 500万元，已知在计算企业所得税应纳税所得额时，公益性捐赠支出、职工福利费支出、职工教育经费支出的扣除比例分别为不超过12%、14%和8%。下列支出中，允许在计算2018年企业所得税应纳税所得额时全额扣除的有（   ）。

A.公益性捐赠支出200万元

B.职工福利费支出160万元

C.职工教育经费支出100万元

D.2018年7月至2019年6月期间的厂房租金支出50万元

三、判断题

1.（2016年）在中国境内设立机构、场所且取得的所得与其所设机构、场所有实际联系的非居民企业，适用的企业所得税税率为20%。（　　）

2.（2016年）非居民企业取得的来源于中国境外但与其在中国境内设立的机构、场所有实际联系的所得应缴纳企业所得税。（　　）

3.（2016年）甲企业按照国家规定享受3年免缴企业所得税的优惠待遇，甲企业在这3年内不须办理企业所得税的纳税申报。（　　）

4.（2016年）企业接受捐赠所得不属于企业所得税的征税对象。（　　）

5.（2015年）企业为促进商品销售，给予购买方的商业折扣，应按扣除商业折扣后的金额确定销售收入计算企业所得税应纳税所得额。（　　）

6.（2015年）企业综合利用资源，生产符合国家产业政策规定的产品所取得的收入，免征企业所得税。（　　）

7.（2014年）居民企业应当仅就其来源于中国境内的所得缴纳企业所得税。（　　）

8.（2014年）外购的生产性生物资产，以购买价款和支付的相关税费为企业所得税的计税基础。（　　）

9.（2014年）根据企业所得税法律制度的规定，停止使用的生产性生物资产，应当自停止使用的当月起停止计算折旧。（　　）

10.（2013年）企业所得税的征税对象包括居民企业来源于境内和境外的各项所得，以及非居民企业来源于境外的各项所得。（　　）

税额计算训练

【业务案例5-1】（2016年）甲公司注册于某市东城区，2015年有关收入情况如下：

（1）取得产品销售收入2 000万元，国债利息收入30万元，接受捐赠收入10万元。

（2）缴纳工商行政罚款2万元，税收滞纳金1万元。

（3）缴纳增值税200万元，城市维护建设税和教育费附加20万元。

（4）从直接投资的未上市居民企业取得股息收益200万元。

已知2014年度甲公司会计利润为-60万元，经纳税调整后应纳税所得额为-50万元。

要求：根据上述资料，分析回答下列问题。

（1）下列甲公司的收入中，应计入企业所得税应纳税所得额的是（　　）。

A.接受捐赠收入10万元　　　　　　　　B.产品销售收入2 000万元

C.股息收益200万元　　　　　　　　　　D.国债利息收入30万元

（2）下列甲公司的支出中，在计算2015年度企业所得税应纳税所得额时，准予扣除的是（　　）。

A.税收滞纳金1万元　　　　　　　　　　B.工商行政罚款2万元

C.城市维护建设税和教育费附加20万元　　D.增值税200万元

（3）下列关于甲公司弥补亏损的表述中，正确的是（　　）。

A.2015至2019年度的税前所得可以弥补2014年度的亏损额60万元

B.如果2015年度税前所得弥补2014年度亏损后，应纳税所得额大于零，应缴纳企业所得税

C.如果2015年度税前所得不足以弥补2014年度亏损，可以逐年延续弥补亏损，但最长不得超过5年

D.企业2014年度的亏损可以用以后盈利年度的税前所得弥补

【业务案例5-2】（2016年）甲公司为居民企业，2015年度有关财务收支情况如下：

（1）取得产品销售收入4 000万元，国债利息收入30万元，银行存款利息收入10万元，没收逾期未退包装物押金收入1万元。

（2）支付职工困难补助6万元，职工防暑降温费5万元，职工食堂经费补贴80万元，职工食堂人员工资30万元。

（3）新技术研究开发费用60万元，已计入管理费用。

（4）支付税收滞纳金4万元，直接向灾区群众捐款10万元，赞助支出12万元。

（5）当年向投资者分配利润200万元。

要求：根据上述资料，不考虑其他因素，分析回答下列问题。

（1）下列甲公司的收入中，在计算2015年度企业所得税应纳税额时，应计入收入总额的是（　　）。

A.逾期未退包装物押金收入1万元　　　　B.产品销售收入4 000万元

C.国债利息收入30万元　　　　　　　　D.银行存款利息收入10万元

（2）下列甲公司的支出中，属于职工福利费的是（　　）。

A.职工食堂经费补贴80万元　　　　　　B.职工困难补助6万元

C.职工食堂人员工资30万元　　　　　　D.职工防暑降温费5万元

（3）甲公司在计算2015年度企业所得税应纳税所得额时，研究开发费用在按规定据实扣除的基础上，下列准予加计扣除金额的计算列式中，正确的是（　　）。

A.60×（1+100%）=120（万元）　　　B.60×100%=60（万元）

C.60×50%=30（万元）　　　　　　　　D.60×（1+150%）=150（万元）

（4）下列甲公司的支出中，在计算2015年度企业所得税应纳税额时，不得扣除的是（　　）。

A.向投资者分配利润200万元　　　　　　B.赞助支出12万元

C.税收滞纳金4万元　　　　　　　　　　D.直接向灾区群众捐赠10万元

纳税申报实训

【实训业务5-1】宗信科技有限公司是A市国家重点高新技术企业，属于增值税一般纳税人，税务机关核定的企业所得税征收方式为查账征收，按照实际利润预缴方式预缴企业所得税。企业财务执行2007年版的会计准则，非汇总企业，无分支机构。公司注册资本为500万元，总资产为5 000万元，总人数为800人，公司适用的所得税税率为15%。

假定2018年5月14日进行2017年度的企业所得税汇算清缴，已经预缴所得税额65万元，相关资料见表5-11至表5-21。

表5-11　　　　　　　　　　　　　　　利润表　　　　　　　　　　　　会企02表
编制单位：宗信科技有限公司　　　　　2017年12月　　　　　　　　　　单位：元

项目	本期金额
一、营业收入	82 000 000.00
减：营业成本	45 760 000.00
税金及附加	9 250 000.00
销售费用	10 100 000.00
管理费用	12 500 000.00
研发费用	
财务费用	1 020 000.00
资产减值损失	500 000.00
加：其他收益	
投资收益（损失以"－"号填列）	2 075 000.00
其中：对联营企业和合营企业的投资收益	
公允价值变动收益（损失以"－"号填列）	200 000.00
资产处置收益（损失以"－"号填列）	
二、营业利润（亏损以"－"号填列）	5 145 000.00
加：营业外收入	546 000.00
减：营业外支出	390 000.00
三、利润总额（亏损总额以"－"号填列）	5 301 000.00
减：所得税费用	795 150.00
四、净利润（净亏损以"－"号填列）	4 505 850.00
五、其他综合收益的税后净额	
六、综合收益总额	
七、每股收益	
（一）基本每股收益	
（二）稀释每股收益	

表5-12　　　　　　　　　　　　　　　收入明细表　　　　　　　　　　　　单位：元

一级科目	明细科目	金额	备注
主营业务收入	销售货物	68 000 000	
	提供劳务	6 000 000	
	让渡使用权	8 000 000	
视同销售收入	货物、财产、劳务视同销售收入	65 000	将自产产品作为员工福利成本4万元，市场价格6.5万元，未作收入处理
营业外收入	非货币性资产交易	400 000	
	债务重组	26 000	
	政府补助	120 000	

表 5-13 成本明细表 单位：元

一级科目	明细科目	金额	备注
主营业务成本	销售货物	41 560 000	
	提供劳务	4 200 000	
视同销售成本	货物、财产、劳务视同销售成本	40 000	将自产产品作为员工福利成本4万元，市场价格6.5万元，未作收入处理
营业外支出	罚款	90 000	工商罚款3万元，合同违约金6万元
	其他	300 000	给购货方回扣12万元，环境保护支出8万元，关联企业赞助支出10万元
期间费用	销售费用	10 100 000	
	管理费用	12 500 000	
	财务费用	1 020 000	

表 5-14 税收优惠 单位：元

一级科目	明细科目	金额
投资收益	国债利息收入	500 000
	股息（居民企业）	550 000

表 5-15 境外所得税抵免明细表（直接抵免） 金额单位：元

国家	境外所得	境外所得税率	境外所得换算含税所得	境外已缴纳所得税（可抵免额）	可抵免限额
美国	780 000	35%	1 200 000	420 000	300 000
南非	245 000	30%	350 000	105 000	87 500

表 5-16 以公允价值计量资产调整表 单位：元

项目	会计		税法	
	期初	期末	期初	期末
投资性房地产	0	1 000 000	0	800 000

表 5-17 资产折旧/摊销调整表 金额单位：元

资产项目	会计				税法				调整额
	初始成本	净残值	折旧年限	折旧额	初始成本	净残值	折旧年限	折旧额	
办公设备	1 000 000	50 000	6年	158 300	1 000 000	50 000	5年	190 000	-31 700
生产设备	1 550 000	0	10年	155 000	1 050 000	0	10年	105 000	50 000
无形资产	4 130 000	0	15年	275 300	6 195 000 (4 130 000× 150%)	0	15年	413 000	-137 700

表5-18　　　　　　　　　　　　　　资产准备明细表　　　　　　　　　　　　单位：元

准备科目	期初余额	本期转回	本期计提	期末余额
坏账准备	200 000	100 000	300 000	400 000
存货跌价准备	500 000	0	300 000	800 000

表5-19　　　　　　　　　　　　　　广告费用调整表　　　　　　　　　　　　单位：元

项目	会计	税法	调整	备注
广告费	7 078 600			以前年度未抵扣3万元，税法扣除限额=销售（营业）收入×15%

表5-20　　　　　　　　　　　　　　费用调整明细表　　　　　　　　　　　　单位：元

项目	会计	税法	调整	备注
职工薪酬	10 000 000	10 000 000	0	
福利费	2 100 000	1 400 000	700 000	工资14%允许扣除
职工教育经费	950 000	800 000	150 000	工资8%允许扣除，超支可结转以后扣除
工会经费	200 000	200 000	0	工资2%允许扣除
罚金、罚款	30 000	0	30 000	工商滞纳金3万元
赞助支出	100 000	0	100 000	关联企业赞助支出10万元
无关支出	120 000	0	120 000	给购货方回扣12万元

表5-21　　　　　　　　　　　　企业所得税弥补亏损明细表　　　　　　　　　　单位：元

年度	盈利额或亏损额	备注
2012	86 000	
2013	25 000	
2014	120 000	
2015	360 000	
2016	103 200	

任务：（1）对该企业企业所得税进行纳税调整；

（2）计算该企业2017年度应补缴的企业所得税；

（3）填写该企业企业所得税纳税申报表主表及附表。

【实训业务5-2】诚信教育科技有限公司是A市重点企业，属于增值税一般纳税人，税务机关核定的企业所得税征收方式为查账征收，按照实际利润预缴方式预缴企业所得税。企业财务执行2007年版的会计准则，非汇总企业，无分支机构。该公司总资产为10 000万元，总人数为1 000人，公司适用的所得税税率为25%。

诚信教育科技有限公司2018年5月8日进行2017年度企业所得税汇算清缴，已经预缴所得税额1 826 581.38元，相关资料见表5-22至表5-27。

表 5-22　　　　　　　　　　　利润表　　　　　　　　　　　会企02表

编制单位：诚信教育科技有限公司　　　2017年 12 月　　　　　　　单位：元

项目	行次	本期金额	上期金额（略）
一、营业收入	1	122 088 000.00	
减：营业成本	2	61 644 240.00	
税金及附加	3	10 025 301.00	
销售费用	4	18 180 000.00	
管理费用	5	8 332 000.00	
研发费用	6		
财务费用	7	4 363 600.00	
资产减值损失	8	569 820.00	
加：其他收益	9		
投资收益（损失以"－"号填列）	10	–1 256 025.00	
其中：对联营企业和合营企业的投资收益	11		
公允价值变动收益（损失以"－"号填列）	12	125 369.21	
资产处置收益（损失以"－"号填列）	13		
二、营业利润（亏损以"－"号填列）	14	17 842 383.21	
加：营业外收入	15	50 000.00	
减：营业外支出	16	518 000.00	
三、利润总额（亏损总额以"－"号填列）	17	17 374 383.21	
减：所得税费用	18	1 826 581.38	
四、净利润（净亏损以"－"号填列）	19	15 547 801.83	
五、其他综合收益的税后净额	20		
六、综合收益总额	21		
七、每股收益	22		
（一）基本每股收益	23		
（二）稀释每股收益	24		

表 5-23　　　　　　　　　　　收入明细表　　　　　　　　　　　单位：元

一级科目	明细科目	金额	备注
主营业务收入	销售货物	121 200 000	
其他业务收入	其他	888 000	为出租闲置土地的租金收入
营业外收入	政府补助收入	50 000	不符合不征税收入条件

表 5-24　　　　　　　　　　　　　　成本明细表　　　　　　　　　　　　　　单位：元

一级科目	明细科目	金额	备注
主营业务成本	销售货物	61 440 000	
其他业务成本	其他	204 240	闲置土地出租收入支付税金 155 400 元，对应的摊销费用为 48 840 元
营业外支出	捐赠支出	500 000	通过政府部门向地震灾区捐赠现金 250 000 元
	其他	18 000	违反借款合同规定支付银行罚款 18 000 元
期间费用	销售费用	18 180 000	其中广告费 17 000 000 元、办公费 1 180 000 元
	管理费用	8 332 000	其中业务招待费 1 800 000 元
	财务费用	4 363 600	均符合税法要求

表 5-25　　　　　　　　　　　　　　税收优惠　　　　　　　　　　　　　　单位：元

一级科目	明细科目	金额
投资收益	国债利息收入	1 503 021.26
	股息（居民企业）	1 658 200.12

表 5-26　　　　　　　　　　　　　费用调整明细表　　　　　　　　　　　　单位：元

项目	会计	税法	备注
职工薪酬	9 888 000	9 888 000	
福利费	1 435 000	1 384 320	工资 14% 允许扣除
职工教育经费	811 850	791 040	工资 8% 允许扣除，超支部分可在以后年度无限结转
工会经费	197 760	197 760	工资 2% 允许扣除
罚金、罚款	30 000	0	工商滞纳金 3 万元
赞助支出	100 000	0	关联企业赞助支出 10 万元
与收入无关的支出	120 000	0	给购货方回扣 12 万元

表 5-27　　　　　　　　　　　企业所得税弥补亏损明细表　　　　　　　　　　单位：元

年度	盈利额或亏损额	备注
2012	86 000	
2013	25 000	
2014	1 695 600	
2015	-2 805 822	
2016	1 865 800	

任务：（1）对该企业企业所得税进行纳税调整；

（2）计算该企业 2017 年度应补缴的企业所得税；

（3）填写该企业"企业所得税纳税申报表"。

項目6

解读个人所得税法律制度

学习指导

个人所得税，是指以个人取得的各项应税所得为征税对象而征收的一种税。

本项目基本结构框架

本项目基本结构框架，如图6-1所示。

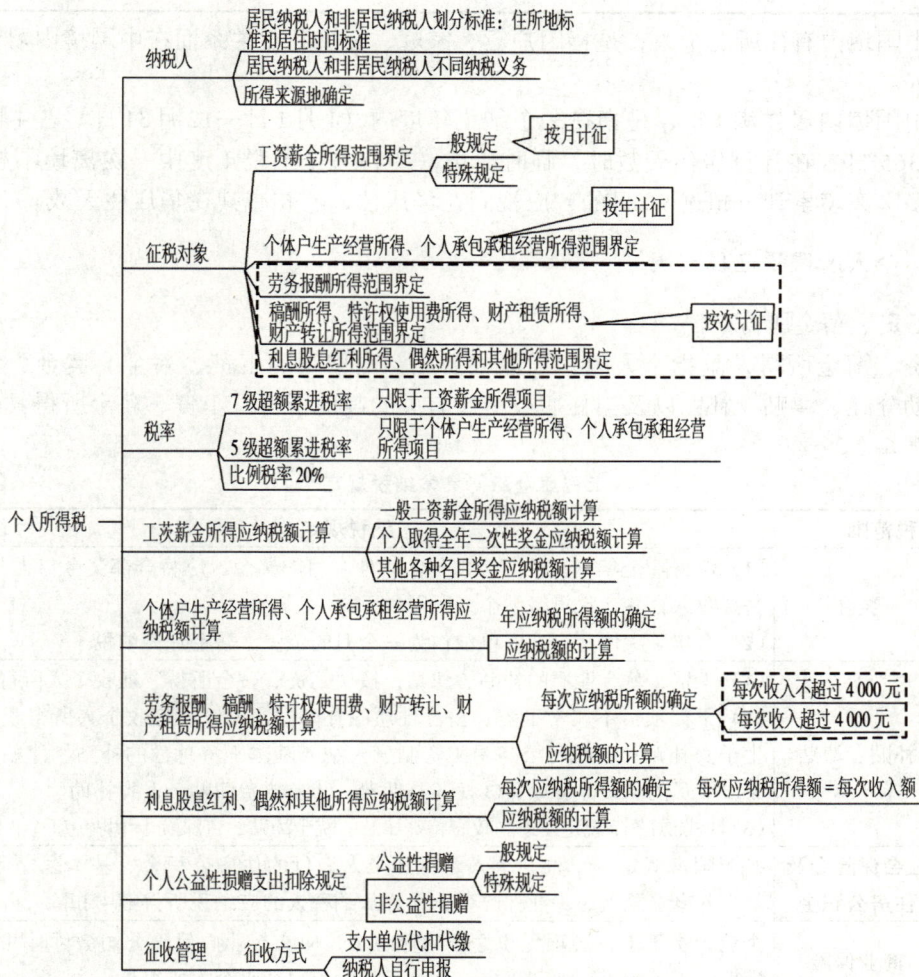

图6-1　本项目基本结构框架图

本项目重难点与业务处理总结

一、个人所得税纳税人

个人所得税纳税人具体包括：中国公民、个体工商户、外籍个人以及中国香港、澳门、台湾同胞等。根据住所地标准和居住时间标准，将个人划分为居民纳税人和非居民纳税人，分别确定不同的纳税义务。

请归纳总结个人所得税纳税人，并填入表6-1。

表6-1　　　　　　　　居民纳税人和非居民纳税人划分标准及纳税义务

	划分标准	纳税义务
居民纳税人		
非居民纳税人		

在中国境内有住所的个人，是指因户籍、家庭、经济利益关系而在中国境内习惯性居住的个人。

在中国境内居住满1年，是指在一个纳税年度内（1月1日—12月31日）在中国境内居住满365日，在计算居住天数时，临时离境（即在一个纳税年度中一次离境不超过30日或者多次离境累计不超过90日的）应视同在华居住，不扣减其在华居住天数。

二、个人所得税征税范围

1.工资、薪金所得

工资、薪金所得，是指个人因"任职或受雇"而取得的工资、薪金、奖金、年终加薪、劳动分红、津贴、补贴以及与任职或受雇有关的其他所得。工资、薪金所得具体纳税规定见表6-2。

表6-2　　　　　　　　工资薪金所得具体纳税规定

征税范围		纳税规定
一般规定	奖金	（1）取得除全年一次性奖金以外的其他名目的奖金，应将全部奖金与当月工资、薪金收入合并，计算缴纳个人所得税。 （2）全年一次性奖金，应单独作为一个月的工资、薪金计算纳税
	补贴、津贴	（1）工资、薪金性质的补贴、津贴，按"工资、薪金所得"征收个人所得税。 （2）下列项目不属于工资、薪金性质的补贴、津贴，不征收个人所得税：①独生子女补贴；②执行公务员工资制度未纳入基本工资总额的补贴、津贴差额和家属成员的副食品补贴；③托儿补助费；④差旅费津贴、误餐补助。 （3）按照国务院规定发给的政府特殊津贴、院士津贴、资深院士津贴免征个人所得税
	社会保险金及住房公积金	按照国家规定，单位为个人缴付和个人缴付的住房公积金、基本医疗保险费、基本养老保险费、失业保险费，允许从纳税人的应纳税所得额中扣除
	商业保险	企业为员工支付各项免税之外的保险金，应在企业向保险公司缴付时并入员工当期的工资收入，按"工资、薪金所得"项目征收个人所得税

征税范围		纳税规定
特殊规定	年金	①缴付的年金"单位缴费部分",根据规定标准缴付的,在计入个人账户时,个人暂不缴纳个人所得税;超过规定标准的,应并入个人当期"工资、薪金所得",依法计征个税。 ②缴付的年金"个人缴费部分",不超过本人缴费工资计税基础的4%的部分,暂从个人当期的应纳税所得额中扣除;超过本人缴费工资计税基数的4%的部分,应并入个人当期的"工资、薪金所得",依法计征个人所得税
	内部退养收入	①取得的一次性收入,按"工资、薪金所得"缴纳个人所得税。 ②办理内部退养手续后至法定退休年龄之间重新就业取得的"工资、薪金所得"应按规定纳税
	提前退休取得的一次性补贴	不属于免税收入,应按"工资、薪金所得"缴纳个人所得税
	解除劳动关系取得一次性补偿收入	收入在当地上年职工平均工资3倍以内的部分,免征个人所得税;超过当地上年职工平均工资3倍数额部分的一次性补偿收入,可视为一次取得数月的工资、薪金收入,允许在一定期限内平均计算
	退休人员收入、补贴、奖金等	①按照国家统一规定发给干部、职工的安家费、退职费、退休工资、离休工资、离休生活补助费。 ②退休人员再任职取得的收入,在减除按税法规定的费用扣除标准后,按"工资、薪金所得"应税项目缴纳个人所得税。 ③因工作需要延长离休、退休的高级专家,其在延长离休、退休期间的工资、薪金所得,视同离休、退休工资免征个人所得税。 ④离退休人员除按规定领取离退休工资或养老金外,另从原任单位取得的各类补贴、奖金、实物,不属于免税的退休工资、离休工资、离休生活补助费,应按"工资、薪金所得"应税项目的规定缴纳个人所得税

2.个体工商户的生产、经营所得（略）

3.对企事业单位的承包经营、承租经营所得（略）

4.劳务报酬所得

劳务报酬所得,是指个人独立从事非雇佣的各种劳务所取得的所得。应注意劳务报酬所得与工资、薪金所得项目具体纳税规定辨析,请归纳总结工资、薪金所得与劳务报酬所得,并填入表6-3。

表6-3　　　　　　　　　**工资、薪金所得与劳务报酬所得项目辨析**

个人收入项目	情形	个人所得税处理
营销业绩奖励	对雇员进行奖励	
	对非雇员进行奖励	
董事费、监事费收入	在公司任职、受雇,同时担任董事、监事	
	不在公司任职、受雇的	
兼职律师从律师事务所取得工资、薪金性质的所得		
律师以个人名义再聘请其他人员为其工作而支付的报酬		
证券经纪人从证券公司取得的佣金收入		

5.稿酬所得

稿酬所得，是指个人因其作品以图书、报刊形式"出版、发表"而取得的所得。应注意稿酬所得与工资、薪金所得项目具体纳税规定辨析，请归纳总结工资、薪金所得与稿酬所得，并填入表6-4。

表6-4　　　　　　　　工资、薪金所得与稿酬所得项目辨析

个人收入项目	情形	个人所得税处理
在本单位的报纸、杂志上发表作品取得的收入	记者、编辑等专业人员	
	除上述专业人员以外的其他人员	
出版社的专业作者撰写、编写或翻译的作品，由本社以图书形式出版而取得的稿费收入		

6.特许权使用费所得

特许权使用费所得，是指个人提供专利权、商标权、著作权、非专利技术以及其他特许权的使用权取得的所得。

7.财产转让所得

财产转让所得，是指个人转让有价证券、股权、建筑物、土地使用权、机器设备、车船以及其他财产取得的所得。对个人转让自用达5年以上并且是家庭唯一生活用房取得的所得，暂免征收个人所得税。请归纳总结财产转让所得具体纳税规定，并填入表6-5。

表6-5　　　　　　　　财产转让所得具体征税范围及纳税规定

征税范围		纳税规定
个人转让股权	转让境内上市公司股票	
	转让限售股	
	转让境内公司或组织的股权或股份	
	取得转让相关的款项	
购置债权后转让		
收购"虚拟货币"取得的收入		
取得量化资产	取得时	
	分红时	
	转让时	

8.利息、股息、红利所得

利息、股息、红利所得，是指个人拥有债权、股权而取得的利息、股息、红利所得。

9.财产租赁所得

财产租赁所得，是指个人出租建筑物、土地使用权、机器设备、车船以及其他财产取得的所得。对个人转让自用达5年以上并且是家庭唯一生活用房取得的所得，暂免征收个人所得税。

10.偶然所得

偶然所得，是指个人得奖、中奖、中彩以及其他偶然性质的所得。请归纳总结偶然所得具体纳税规定，并填入表6-6。

表6-6　　　　　　　　　　　　　　　　偶然所得具体纳税规定

征税范围	纳税规定
单张有奖发票奖金	
购买福利彩票、赈灾彩票、体育彩票中奖收入	
个人举报、协查各种违法、犯罪行为获得的奖金	
企业促销展业赠送礼品	

11.其他所得

其他所得，是指由国务院财政部门规定的其他确有必要征税的其他个人所得。下列所得应按其他所得项目征收个人所得税：

（1）个人为单位或他人提供担保获得报酬；

（2）房屋产权所有人将房屋产权无偿赠与他人的，受赠人因无偿受赠房屋取得的受赠所得；

（3）企业在业务宣传、广告等活动中，随机向本单位以外的个人赠送礼品，对个人取得的礼品所得；

（4）企业在年会、座谈会、庆典以及其他活动中向本单位以外的个人赠送礼品。

三、个人所得税税率

请归纳总结个人所得税税率形式及适用范围，并填入表6-7。

表6-7　　　　　　　　　　　　个人所得税税率形式及适用范围

税率形式		适用范围
超额累进税率	7级	
	5级	
	3级	
比例税率20%		

四、应纳税所得额的确定和应纳税额的计算

个人所得税的计税依据是纳税人取得的应纳税所得额。应纳税所得额为个人取得的各项收入减去税法规定的费用扣除金额和减免税收入后的余额。由于个人所得税的应税项

目不同，扣除费用标准也各不相同，需要按不同应税项目分项计算。请归纳总结各项所得应纳税所得额、应纳税额计算公式、费用扣除办法和计税期限，并填入表6-8至表6-10。

表6-8　　　　　　　不同征税项目应纳税所得额的确定和应纳税额的计算

征税项目		应纳税所得额的确定	应纳税额的计算
工资、薪金所得	一般情况		
	雇主为雇员负担个税		
	全年一次性奖金		
个体工商户的生产、经营所得			
对企事业单位的承包经营、承租经营所得			
劳务报酬所得			
稿酬所得			
特许权使用费所得			
财产租赁所得			
财产转让所得			
利息、股息、红利所得			
偶然所得			
其他所得			

表6-9　　　　　　　　　　　费用扣除方法及适用范围

费用扣除方法	适用范围
限额内据实扣除	
定额扣除	
定额扣除和定率扣除相结合	
不得扣除费用	

表6-10　　　　　　　　　　　　　计税期限的确定

征税项目	计税期限的确定
工资、薪金所得	
个体工商户的生产、经营所得，对企事业单位的承包经营、承租经营所得	
财产转让所得	
劳务报酬所得	
稿酬所得	
特许权使用费所得	
财产租赁所得	
利息、股息、红利所得，偶然所得，其他所得	

同步训练

基础知识训练

一、单项选择题

1.（2016年）根据个人所得税法律制度的规定，下列所得应按工资、薪金所得征收个人所得税的是（　　　）。

A.单位全勤奖　　　　　　　　　　B.参加商场活动中奖

C.出租闲置房屋的所得　　　　　　D.国债利息所得

2.（2015年）根据个人所得税法律制度的规定，下列各项中，应按稿酬所得征收个人所得税的是（　　　）。

A.作品出版或发表　　　　　　　　B.审稿收入

C.任职公司董事　　　　　　　　　D.讲课收入

3.（2015年）2014年10月高校教师张某取得一次性技术服务收入4 200元，支付交通费300元。已知劳务报酬所得个人所得税税率为20%，每次收入不超过4 000元的，减除费用800元；每次收入在4 000元以上的，减除20%的费用。下列张某当月该笔收入应缴纳个人所得税税额的计算中，正确的是（　　　）。

A.［（4 200-300）-800］×20%=620（元）

B.4 200×（1-20%）×20%-300=372（元）

C.［4 200×（1−20%）−300］×20%=612（元）

D.4 200×（1−20%）×20%=672（元）

4.（2015年）根据个人所得税法律制度的规定，下列各项中，采取定额和定率相结合的扣除方法减除费用计缴个人所得税的是（　　　）。

A.个体工商户的生产、经营所得　　　　B.工资、薪金所得

C.利息、股息、红利所得　　　　D.劳务报酬所得

5.（2015年）根据个人所得税法律制度的规定，下列各项收入中，应缴纳个人所得税的是（　　　）。

A.抚恤金　　　　B.军人的转业费　　　　C.保险赔款　　　　D.年终加薪

6.（2015年）根据个人所得税法律制度的规定，下列各项中，采取定额和定率相结合的扣除方法减除费用计缴个人所得税的是（　　　）。

A.财产转让所得　　　　B.工资、薪金所得

C.利息、股息、红利所得　　　　D.劳务报酬所得

7.（2015年）根据个人所得税法律制度的规定，下列各项中，以1个月内取得的收入为一次计缴个人所得税的是（　　　）。

A.稿酬所得　　　　B.财产租赁所得　　　　C.偶然所得　　　　D.特许权使用费所得

8.（2015年）根据个人所得税法律制度的规定，下列各项中，按次计算缴纳个人所得税的是（　　　）。

A.工资、薪金所得

B.个体工商户的生产、经营所得

C.偶然所得

D.对企事业单位的承包经营、承租经营所得

9.（2015年）下列各项所得中，可以加成征收个人所得税的是（　　　）。

A.特许权使用费所得　　　　B.劳务报酬所得

C.红利收入　　　　D.财产租赁所得

10.（2014年）根据个人所得税法律制度的规定，下列各项中，以每次收入全额为应纳税所得额计算个人所得税的是（　　　）。

A.稿酬所得

B.劳务报酬所得

C.对企事业单位的承包经营、承租经营所得

D.偶然所得

二、多项选择题

1.（2016年）根据个人所得税法律制度的规定，下列各项个人所得中，免征个人所得税的有（　　　）。

A.军人领取的转业费　　　　B.国债利息

C.退休人员再任职收入　　　　D.保险赔款

2.（2016年）居民纳税人发生的下列情形中，应当按照规定向主管税务机关办理个人所得税自行纳税申报的有（　　　）。

A.王某从英国取得所得

B.林某从出版社取得稿酬所得1万元

C.李某从境内两家公司取得工资、薪金所得

D.张某2015年度取得所得15万元

3.（2015年）根据个人所得税法律制度的规定，下列各项中，按次计征个人所得税的有（　　）。

A.特许权使用费所得　　　　　　　　B.财产租赁所得

C.偶然所得　　　　　　　　　　　　D.劳务报酬所得

4.（2014年）根据个人所得税法律制度的规定，下列各项收入中，按照财产转让所得缴纳个人所得税的有（　　）。

A.转让著作权收入　　　　　　　　　B.转让股权收入

C.转让非专利技术收入　　　　　　　D.转让机器设备收入

5.（2014年）根据个人所得税法律制度的规定，下列各项收入支出中，在计算个体工商户个人所得税应纳税所得额时，不得扣除的有（　　）。

A.从业人员合理工资　　　　　　　　B.计提的各项准备金

C.业主本人工资　　　　　　　　　　D.业主家庭生活费用

6.（2014年）根据个人所得税法律制度的规定，下列各项中，免予缴纳个人所得税的有（　　）。

A.编剧的剧本使用费　　　　　　　　B.职工的保险赔偿

C.模特的时装表演费　　　　　　　　D.军人的转业费

7.（2014年）根据个人所得税法律制度的规定，下列纳税人中，应在规定时间内到主管税务机关办理个人所得税申报的有（　　）。

A.从中国境内两处取得工资、薪金所得的赵某

B.从中国境内两处取得1万元稿酬的李某

C.从中国境外取得所得的王某

D.年所得15万元的张某

8.（2013年）下列个人所得税税目应纳税所得额的计算中，采用"定额和比例相结合扣除"计算方式的有（　　）。

A.特许权使用费所得　　　　　　　　B.劳务报酬所得

C.工资、薪金所得　　　　　　　　　D.财产租赁所得

9.（2012年）根据个人所得税法律制度的规定，下列各项所得中，免予缴纳个人所得税的有（　　）。

A.保险赔偿　　　B.劳动分红　　　C.退休工资　　　D.军人转业费

10.根据个人所得税法律制度的规定，下列各项捐赠中，在计算个人所得税应纳税所得额时，不得扣除的有（　　）。

A.通过非营利性社会团体向公益性青少年活动中心捐赠

B.直接向困难企业捐赠

C.通过国家机关向红十字事业捐赠

D.直接向贫困地区捐赠

三、判断题

1.（2016年）集体所有制企业职工个人在企业改制过程中，以股份形式取得的仅作为分红依据、不拥有所有权的企业量化资产，应按"利息、股息、红利所得"项目征收个人所得税。　　　　　　　　　　　　　　　　　　　　　　　　　　　　（　　）

2.（2016年）某外籍个人于2015年1月1日入境，2016年2月10日离境，期间离境20天，则2015年度该外籍个人为个人所得税非居民纳税人。　　　　　　　　（　　）

3.（2015年）同一作品出版、发表后，因添加印数而追加的稿酬，应与以前出版、发表时取得的稿酬分别视为两次收入，分次计算缴纳个人所得税。　　　　　（　　）

4.（2015年）在商品营销活动中，企业对营销业绩突出的雇员以研讨会名义组织旅游活动，通过免收旅游费对个人实行营销业绩奖励的，应根据所发生的费用，按照"劳务报酬所得"项目征收个人所得税。　　　　　　　　　　　　　　　　　（　　）

5.（2015年）编剧从其任职的电视剧制作中心取得的剧本使用费，按照"特许权使用费所得"项目征收个人所得税。　　　　　　　　　　　　　　　　　　　（　　）

6.（2015年）个人取得的住房转租收入，应按"财产转让所得"征收个人所得税。　　　　　　　　　　　　　　　　　　　　　　　　　　　　　　　　　（　　）

7.（2014年）个人通过非营利性的社会团体和国家机关向红十字事业的捐赠，准予在税前的所得额中全额扣除。　　　　　　　　　　　　　　　　　　　　　（　　）

8.（2014年）个人独资企业向其从业人员实际支付的合理的工资、薪金支出，允许在个人所得税前据实扣除。　　　　　　　　　　　　　　　　　　　　　　　（　　）

9.（2014年）个人担任公司董事且不在公司任职、受雇的，其担任董事职务所取得的董事费收入，按照"劳务报酬所得"税目缴纳个人所得税。　　　　　　　　（　　）

10.个人对企事业单位承包、承租经营后，工商登记改变为个体工商户的，取得承包、承租经营所得，按照"个体工商户的生产、经营所得"项目缴纳个人所得税。　（　　）

税额计算训练

【业务案例6-1】（2016年）中国公民张某为境内甲公司高级管理人员，2015年12月有关收支情况如下：

（1）取得基本工资8 000元，职务津贴6 000元，全年一次性奖金18 000元。

（2）出租住房取得租金收入5 000元，房屋租赁过程中缴纳相关税费200元。

（3）取得境内A上市公司非限售股股息2 000元，该股票于当月转让所得20 000元，该股票持有期限为10个月。

（4）取得国债利息6 000元，保险赔款7 000元。

已知工资、薪金所得，每月减除费用3 500元；对个人出租住房取得的所得暂减按10%的税率征收个人所得税，每次收入4 000元以上的，减除20%的费用。

要求：根据上述资料，不考虑其他因素，分析回答下列问题。

（1）下列张某当月基本工资及职务津贴应缴纳个人所得税税额的计算列式中，正确的是（　　）。

A.（8 000＋6 000－3 500）×25%－1 005＝1 620（元）

B.［（8 000-3 500）×10%-105］+（6 000×20%-555）=990（元）

C.（8 000-3 500-105）×10%+（6 000-3 500-105）×10%=679（元）

D.［（8 000-3 500）×10%-105］+［（6 000-3 500）×10%-105］=490（元）

（2）下列张某全年一次性奖金应缴纳个人所得税税额的计算列式中，正确的是（　　　）。

A.18 000×25%-1 005=3 495（元）

B.（18 000-3 500）×25%-1 005=2 620（元）

C.18 000×25%=4 500（元）

D.18 000×3%=540（元）

（3）下列张某当月出租住房租金收入应缴纳个人所得税税额的计算列式中，正确的是（　　　）。

A.（5 000-200）×（1-20%）×10%=384（元）

B.5 000×10%=500（元）

C.（5 000-200）×20%=960（元）

D.5 000×（1-20%）×10%=400（元）

【业务案例6-2】（2015年）王某就职于境内甲公司，2014年7月有关收入情况如下：

（1）取得工资收入5 000元，第二季度奖金6 000元。

（2）为乙公司提供技术服务，取得服务费3 900元、交通费300元、餐费200元、资料费100元、通信费50元。

（3）体育彩票中奖10 000元，在某杂志发表论文取得稿酬2 800元。

（4）取得国家发行的金融债券利息1 000元，在上海证券交易所买卖股票取得转让所得70 000元。

已知个人工资、薪金所得减除费用标准为3 500元/月；劳务报酬所得个人所得税税率为20%，每次收入不超过4 000元的，减除费用800元，每次收入在4 000元以上的，减除20%的费用。

要求：根据上述资料，分析回答下列问题。

（1）下列王某当月工资、薪金所得应缴纳个人所得税税额的计算中，正确的是（　　　）。

A.（5 000-3 500）×3%+（6 000×20%-555）=690（元）

B.（5 000+6 000-3 500）×20%-555=945（元）

C.（5 000+6 000÷3-3 500）×10%-105=245（元）

D.（5 000-3 500）×3%+（6 000÷3×10%-105）=140（元）

（2）下列王某当月提供技术服务取得的收入中，应缴纳个人所得税的是（　　　）。

A.通信费50元　　　　　　　　　　　　B.餐费200元

C.资料费100元　　　　　　　　　　　　D.交通费300元

（3）下列王某当月提供技术服务应缴纳个人所得税税额的计算中，正确的是（　　　）。

A.（3 900+300+200+50）×（1-20%）×20%=712（元）

B.（3 900+300+100+200+50）×（1-20%）×20%=728（元）

C.（3 900+50-800）×20%=630（元）

D.（3 900+100-800）×20%=640（元）

（4）下列王某的行为中，免征个人所得税的是（　　　）。

A. 体育彩票中奖 10 000 元

B. 在某杂志发表论文取得稿酬 2 800 元

C. 取得国家发行的金融债券利息 1 000 元

D. 在二级市场买卖股票取得转让所得 70 000 元

纳税申报实训

【实训业务 6】实训企业基本资料如下：

一、池勇之个人的基本情况如下：

纳税人姓名：池勇之

国籍：中国

身份证号码：330123196506065542

经常居住地：浙江杭州北山路 96 号

联系电话：13705716628

受雇企业：思科网络有限公司

二、池勇之 2018 年 1—12 月收入情况如下：

（1）每月取得工资和年终奖及扣缴的"三费一金"情况见表 6-11，思科网络有限公司按规定代扣代缴个人所得税。

表 6-11　　　　　　　　　　池勇之工资、薪金所得情况表　　　　　　　　　　单位：元

月份	基本及岗位工资	伙食补助	月奖	住房补贴	季度奖	应发工资	住房公积金	基本养老保险费	基本医疗保险费	失业保险费	三费一金
1 月	4 000	1 000	1 200	2 000		8 200	1 000	960	240	100	2 300
2 月	4 000	1 000	1 200	2 000		8 200	1 000	960	240	100	2 300
3 月	4 000	1 000	1 200	2 000	3 000	11 200	1 000	960	240	100	2 300
4 月	4 000	1 000	1 200	2 000		8 200	1 000	960	240	100	2 300
5 月	4 000	1 000	1 200	2 000		8 200	1 000	960	240	100	2 300
6 月	4 000	1 000	1 200	2 000	3 000	11 200	1 000	960	240	100	2 300
7 月	4 000	1 000	1 200	2 000		8 200	1 000	960	240	100	2 300
8 月	4 000	1 000	1 200	2 000		8 200	1 000	960	240	100	2 300
9 月	4 000	1 000	1 200	2 000	3 000	11 200	1 000	960	240	100	2 300
10 月	4 000	1 000	1 200	2 000		8 200	1 000	960	240	100	2 300
11 月	4 000	1 000	1 200	2 000		8 200	1 000	960	240	100	2 300
12 月	4 000	1 000	1 200	2 000	3 000	11 200	1 000	960	240	100	2 300
年终奖						24 000					
合计						134 400					27 600

（2）7 月份把一项专利转让给甲公司，取得收入 14 500 元，甲公司按规定代扣税金。

（3）8 月份为东海外贸公司翻译资料，取得收入 20 000 元，从中先后拿出 6 000 元

和 5 000 元，通过农村义务教育基金会和国家机关分别捐给了农村义务教育和贫困地区。东海外贸公司在支付时未代扣税金。

（4）某小说在报纸上连载 50 次后出版，10 月份分别取得报社支付的稿酬 50 000 元、出版社支付的稿酬 80 000 元，报社和出版社均按规定代扣个人所得税。

（5）11 月份购买体育彩票获奖 25 000 元，按规定缴纳个人所得税。

（6）9 月份在 A、B 两国讲学分别取得收入 18 000 元和 35 000 元，已分别按收入来源国税法缴纳个人所得税 2 000 元和 6 000 元。

任务：（1）计算池勇之 2018 年全年应纳个人所得税税额。

（2）对思科网络有限公司为池勇之代扣个人所得税进行账务处理。

解读其他流转税法律制度

关税，是指对进出国境或关境的货物、物品征收的一种税。关境又称税境，是指一国海关法规可以全面实施的境域。关税一般分为进口关税、出口关税和过境关税。我国目前对进出境货物征收的关税分为进口关税和出口关税两类。

本项目基本结构框架

本项目基本结构框架，如图 7-1 所示。

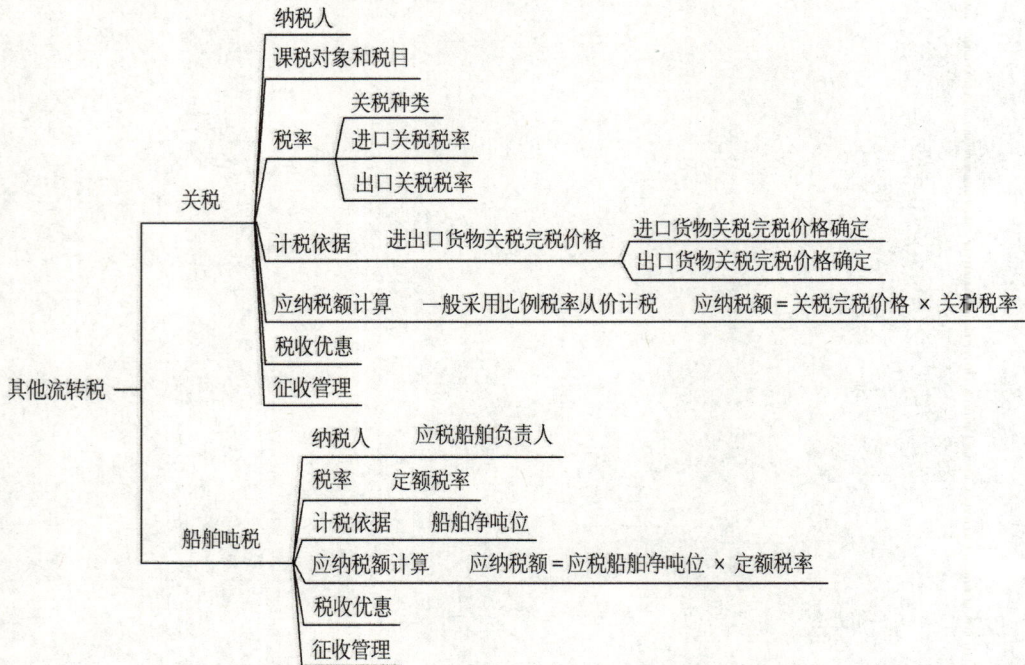

图 7-1　本项目基本结构框架图

本项目重难点与业务处理总结

一、关税纳税义务人和征税对象

1.关税纳税义务人

请归纳总结关税纳税义务人，并填入表 7-1。

表 7-1　　　　　　　　　　　　　　　　关税纳税义务人规定

具体情况	纳税义务人
进口货物	
出口货物	
进出境物品	

2.关税征税对象

关税的征税对象是准许进出境的货物和物品。货物，是指贸易性商品；物品，是指入境旅客随身携带的行李物品、个人邮递物品、各运输工具上服务人员携带进口的自用、馈赠用品以及其他方式进境的个人物品。

二、关税税率分类与适用范围

请归纳总结关税税率及其适用范围，并填入表 7-2。

表 7-2　　　　　　　　　　　　　　　　关税税率分类

税率分类	判断标准	税率形式	适用范围
进口税率	原产地标准	普通税率	
		最惠国税率	
		协定税率	
		特惠税率	
		关税配额税率	
		暂定税率	
出口税率			

三、进口货物的关税完税价格的确定

根据《中华人民共和国海关审定进出口货物完税价格办法》规定，进口货物的完税价格由海关以货物的成交价格为基础审查确定，并应当包括该货物运抵中华人民共和国境内输入地点起卸前的运输及其相关费用、保险费。进口关税完税价格构成，如图 7-2 所示。

　出口国　　　　　　　　　　途中　　　　　　　　　　进口国

| 货价 | + | 出口税和离岸前相关费用 | + | 运输费、保险费、离岸后到岸前相关费用 | = | 进口货物的完税价格（正常的到岸价格） |

离岸价格 FOB

到岸价格 CIF

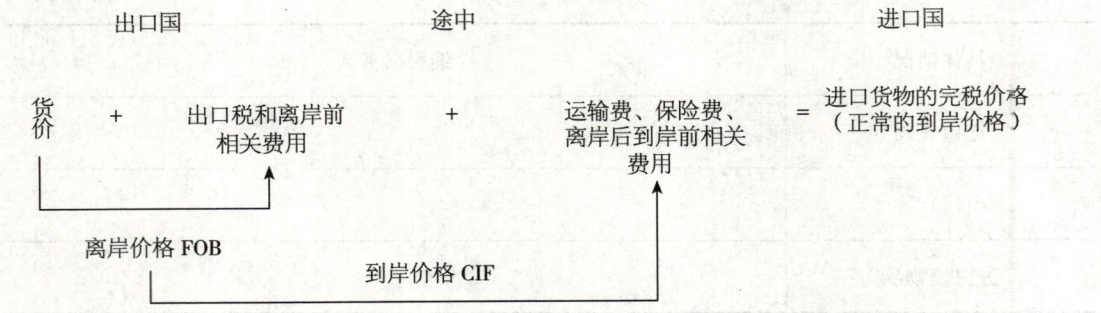

图7-2　进口关税完税价格构成

请归纳总结完税价格构成，并填入表7-3。

表7-3　　　　　　　　　　　　　完税价格构成

	完税价格的构成因素	不计入完税价格的因素
基本构成因素		
其他构成因素		

四、出口货物的完税价格确定

出口货物以海关审定的货物售予境外的"离岸价格"，"扣除"出口关税后作为完税价格。其计算公式为：

$$出口货物完税价格 = 离岸价格 ÷ （1+出口税率）$$

下列税收、费用不计入出口货物的完税价格：

（1）出口关税；

（2）在货物价款中单独列明的货物运至中华人民共和国境内输出地点装载后的运输及其相关费用、保险费（出口货物的运保费最多算至离境口岸）；

（3）在货物价款中单独列明由卖方承担的佣金。

五、关税应纳税额的计算

进口关税一般采用比例税率，其应纳税额的计算公式为：

$$应纳税额 = 进(出)口关税完税价格 × 适用税率$$

六、船舶吨税应纳税额的计算

吨税以"船舶净吨位"为计税依据，吨税按照船舶净吨位和吨税执照期限征收，其应纳税额的计算公式为：

$$应纳税额 = 应税船舶净吨位 × 适用税率$$

同步训练

基础知识训练

一、单项选择题

1. （2016年）进口货物核定货价为90万，货物运抵我国关境内输入地点起卸前的包装费为2万元，运费为5万元，保险费为0.3万元，关税税率为10%。下列应纳关税的列式中，正确的是（　　）。

A.（90+2）×10%

B.（90+5+0.3）×10%

C.（90+2+5）×10%

D.（90+2+5+0.3）×10%

2. （2015年）根据关税法律制度的规定，下列出口货物关税完税价格的计算公式中，正确的是（　　）。

A.关税完税价格=离岸价格÷（1−出口税率）

B.关税完税价格=离岸价格÷（1＋出口税率）

C.关税完税价格=离岸价格×（1−出口税率）

D.关税完税价格=离岸价格×（1＋出口税率）

3. （2015年改）2018年10月甲公司进口货物（非应税消费品）一批，海关审定货价为80万元，运抵我国海关前发生的运输费、保险费等共计20万元，缴纳关税税额10万元。已知增值税税率为16%，下列甲公司当月进口该批货物应缴纳增值税税额的计算中，正确的是（　　）。

A.（80＋10）×16%=14.4（万元）

B.（80＋20）×16%=16（万元）

C.80×16%=12.8（万元）

D.（80＋10＋20）×16%=17.6（万元）

4. （2014年）对原产于与我国签订含有关税优惠条款的区域性贸易协定的国家或者地区的进口货物，适用的税率是（　　）。

A.最惠国税率　　　　B.协定税率　　　　C.特惠税率　　　　D.普通税率

5. （2013年）船舶吨税应当向（　　）缴纳。

A.海关　　　　　　B.财政局　　　　　C.税务局　　　　　D.海事局

6. 进出口货物完税后，如发现少征或漏征税款，海关有权在一定期限内予以补征；如因收发货人或其代理人违反规定而造成少征或漏征关税税款的，海关在一定期限内可以追缴。根据关税法律制度的规定，该两项期限分别为（　　）。

A.1年，1年　　　　B.1年，3年　　　　C.3年，3年　　　　D.3年，1年

7. 某进出口公司进口一批设备，经海关审定的成交价格折合人民币（下同）为200万元。另外，向境外采购代理人支付的买方佣金5万元，货物运抵我国境内输入地点起卸前的运输费8万元、保险费2万元。根据关税法律制度的规定，下列计算正确的是（　　）。

A.该批设备关税完税价格=200+5+8+2=215（万元）

B.该批设备关税完税价格=200+5+8=213（万元）

C.该批设备关税完税价格=200+8+2=210（万元）

D.该批设备关税完税价格为200万元

8.下列各项中，由海关负责征收的是（　　）。

A.车船税　　　　　　B.船舶吨税　　　　　C.车辆购置税　　　D.烟叶税

9.下列有关我国船舶吨税特点的表述中，正确的是（　　）。

A.吨税实行从价加从量的复合税率

B.吨税以船舶净吨位为计税依据

C.吨税以应税船舶的所有权人为纳税义务人

D.吨税应当自船舶到港之日起15日内向指定银行缴清

10.对原产于与我国签订含有特殊关税优惠条款的贸易协定的国家或地区的进口货物，按（　　）征收关税。

A.最惠国税率　　　　B.协定税率　　　　　C.特惠税率　　　　D.普通税率

二、多项选择题

1.（2016年）根据关税法律制度的规定，下列各项中，属于进口关税税率的有（　　）。

A.普通税率　　　　　B.最惠国税率　　　　C.特惠税率　　　　D.协定税率

2.（2015年）根据关税法律制度的规定，下列各项中，属于法定减免关税的有（　　）。

A.进出境运输工具装载的途中必需的燃料、物料和饮食用品

B.外国政府无偿赠送的物资

C.无商业价值的广告品

D.无商业价值的货样

3.（2013年）根据关税法律制度的规定，下列进口货物中，实行从量计征关税的有（　　）。

A.汽车　　　　　　　B.缝纫机　　　　　　C.原油　　　　　　D.啤酒

4.（2013年）下列各项中，应计入关税完税价格的有（　　）。

A.货物运抵我国关境内输入地点起卸前的包装费

B.货物运抵我国关境内输入地点起卸前的运费

C.货物运抵我国关境内输入地点起卸前的保险费

D.为在国内使用而向境外支付的与该进口货物有关的专利权费用

5.下列各项中，属于关税纳税人的有（　　）。

A.进口货物的收货人　　　　　　　　B.出口货物的收货人

C.入境旅客随身携带的行李的持有人　　D.个人邮递物品的收件人

6.下列有关关税税率的表述中，正确的有（　　）。

A.进口货物适用何种关税税率以进口货物的原产地为标准

B.我国进口税率和出口税率实行统一标准

C.进出口货物，一般应当按照收发货人或者其代理人申报进口或者出口之日实施的税率征税

D.进口货物到达前，经海关核准先行申报的，应当按照装载此货物的运输工具"申报进境之日"实施的税率征税

7.（2017年）根据关税法律制度的规定，下列进口货物中，实行从价加从量复合税率计征进口关税的有（　　）。

A.摄影机　　　　　　B.啤酒　　　　　　C.放像机　　　　D.广播用录像机

8.下列各项中，应当计入进口货物关税完税价格的有（　　　）。

A.卖方付给进口人的正常回扣

B.进口人向境外采购代理人支付的买方佣金

C.货物运抵我国关境内输入地点起卸前的包装费

D.进口人在成交价格外另支付给卖方的佣金

9.下列进口货物中，属于经海关审查无误后可以免税的情形有（　　　）。

A.无商业价值的广告品和货样

B.国际组织无偿赠送的物资

C.在境外运输途中遭受损坏的进口货物

D.起卸后海关放行前，因不可抗力遭受损坏的进口货物

10.下列各项中，属于免征船舶吨税的船舶有（　　　）。

A.应纳税额在人民币100元以下的船舶

B.吨税执照期满后24小时内不上下客货的船舶

C.捕捞、养殖渔船

D.非机动驳船

三、判断题

1.（2015年）关税的计征方法有从价计征、从量计征、复合计征和滑准税。（　　　）

2.（2013年）对原产于与我国签订含有关税优惠条款的区域性贸易协定的国家或地区的进口货物，按最惠国税率征收关税。（　　　）

3.（2013年）进出境运输工具装载的途中必需的燃料、物料和饮食用品，经海关审查无误后可以免于缴纳关税。（　　　）

4.对原产于与我国签订含有关税优惠条款的区域性贸易协定的国家或地区的进口货物，按优惠税率征收关税。（　　　）

5.我国进口关税一律采用比例税率。（　　　）

6.滑准税，是指关税的税率随着进口商品价格的变动而反方向变动的一种税率形式，即价格越高，税率越低。（　　　）

7.因故退还的中国出口货物，可以免征进口关税，但已征收的出口关税，不予退还。（　　　）

8.因故退还的境外进口货物，可以免征出口关税，但已征收的出口关税，不予退还。（　　　）

9.船舶吨税纳税义务发生时间为应税船舶进入境内港口的当日。（　　　）

10.应税船舶在吨税执照期满后尚未离开港口的，应当申领新的吨税执照，自新的吨税执照签发之日起续缴吨税。（　　　）

税额计算训练

【业务案例7-1】坐落在市区的某日化厂为增值税一般纳税人，2018年10月进口一批高档香水精，出口地离岸价格85万元，境外运费及保险费共计5万元，海关于10月15日

开具完税凭证，日化厂缴纳进口环节税金后海关放行；日化厂将进口的高档香水精的80%用于生产高档化妆品。本月从国内购进材料取得增值税专用发票，注明价款120万元，增值税19.2万元，销售高档化妆品取得不含税销售额500万元。

已知本月取得的增值税抵扣凭证在本月认证并抵扣，高档化妆品消费税税率为15%，关税税率为50%。

要求：（1）计算该日化厂在进口环节应纳的关税、增值税和消费税；

（2）计算该日化厂在国内销售环节应纳的增值税和消费税；

（3）计算该日化厂应纳的城市维护建设税和教育费附加、地方教育费附加。

【业务案例7-2】（2015年）2014年10月甲企业进口一辆小汽车自用，支付买价17万元，货物运抵我国关境内输入地点起卸前的运费和保险费共计3万元，货物运抵我国关境内输入地点起卸后的运费和保险费共计2万元，另支付购货佣金1万元。

已知关税税率为20%，消费税税率为25%，城市维护建设税税率为7%，教育费附加征收率为3%。假设无其他纳税事项。

要求：计算甲企业进口小汽车应纳关税、进口增值税和进口消费税税额。

纳税申报实训

【实训业务7】 实训企业具体资料如下：

一、企业名称——东海市顺丰进出口公司

东海市顺丰进出口公司为增值税一般纳税人，2018年3月8日从中国香港进口一批摄像机，批准文号为094562787，进口关税税率为5%，当日的外汇牌价为USD1=RMB6.15。2018年3月18日向美国纽约出口新闻纸，批准文号为091232844，出口关税税率为10%，当日的外汇牌价为USD1=RMB6.25。

二、相关票证资料（见表7-4至表7-8）

表7-4　　　　　　　　　　　　　　　　　报价单

华贸进出口有限公司 致：东海市顺丰进出口公司	香港铜锣湾友谊路32号和平广场231室 本公司档号：09456278712　日期：2018-3-8
货品说明：摄像机	来源地：中国香港
数量：60台	包装：
单价：USD9 200	总金额：USD552 000
检验人：	付运费：USD2 250
付款方式：信用证结算	有效期：

表 7-5　　　　　　　　　　　　　　　　　　　商业发票

华贸进出口有限公司			香港铜锣湾友谊路 32 号和平广场 231 室
订货单编号：09763474134			本公司档号：09456278712
发票日期：2018 年 3 月 8 日			发票编号：095852981
付款条件：FOB 价结算			计价货币：USD
买方：中国东海市顺丰进出口公司			付运费：USD2 250
货品说明	数量	单价	金额
摄像机	60 台	USD9 200	USD552 000
总计件数：1 件			

表 7-6　　　　　　　　　　　　　　　　　　　装箱单

华贸进出口有限公司			香港铜锣湾友谊路 32 号和平广场 231 室
订货单编号：09763474134			本公司档号：09456278712
发票日期：2018 年 3 月 8 日			发票编号：095852981
买方：中国东海市顺丰进出口公司			运往：中国宁波口岸
标志及货件编号：			
货品说明	净重	毛重	尺寸
摄像机	218 千克	324 千克	4.69m×2.54m×2.02m
总计件数：1 件			

表 7-7　　　　　　　　　　　　　　　　　　　海运货物保险单

平安保险有限公司	
订货单编号：09763474134	运输工具及名称：海运
投保人：中国东海市顺丰进出口公司	赔偿支付人：平安保险有限公司
保险金额：USD552 000	保险费率：0.3%
发货港：中国香港	所经港口/目的港：中国宁波
承保内容： 略。（一般条件和条款） 保险单签署地点、日期： 备注：	投保地点： 平安保险有限公司代表授权签名：

表7-8　　　　　　　　　　　　出口货物销售发票

浙江省出口货物销售统一发票
ZHEJIANG EXPORT SALES UNIFORM INVOICE

发票代码：133100070580

发票号码：00054895

合同号码：

记账联

Contract No.09234008645

COUNTERFOIL

日期：2018-3-18

Date：2018-3-18

装船口岸From宁波

信用证号数 Letter of Credit No.0934587645123456

标志和号码 Marks and Nos	数量和产品描述 Quantities and Descriptions	单价 Unit Price	总值 Amount
新闻纸	11 000箱	USD28	USD308 000

开票单位（盖章）：东海市顺丰进出口公司　　　　　　　　　开票人：李伟

任务：（1）请计算东海市顺丰进出口公司2018年3月业务应纳的关税；

（2）请进行该公司2018年3月业务的账务处理。

項目 8

解读财产税类法律制度

学习指导

　　财产税类，是指以房屋、车辆等财产为征收对象而征收的一类税种的总称，主要包括房产税、契税和车船税。

本项目基本结构框架

　　本项目基本结构框架，如图 8-1 所示。

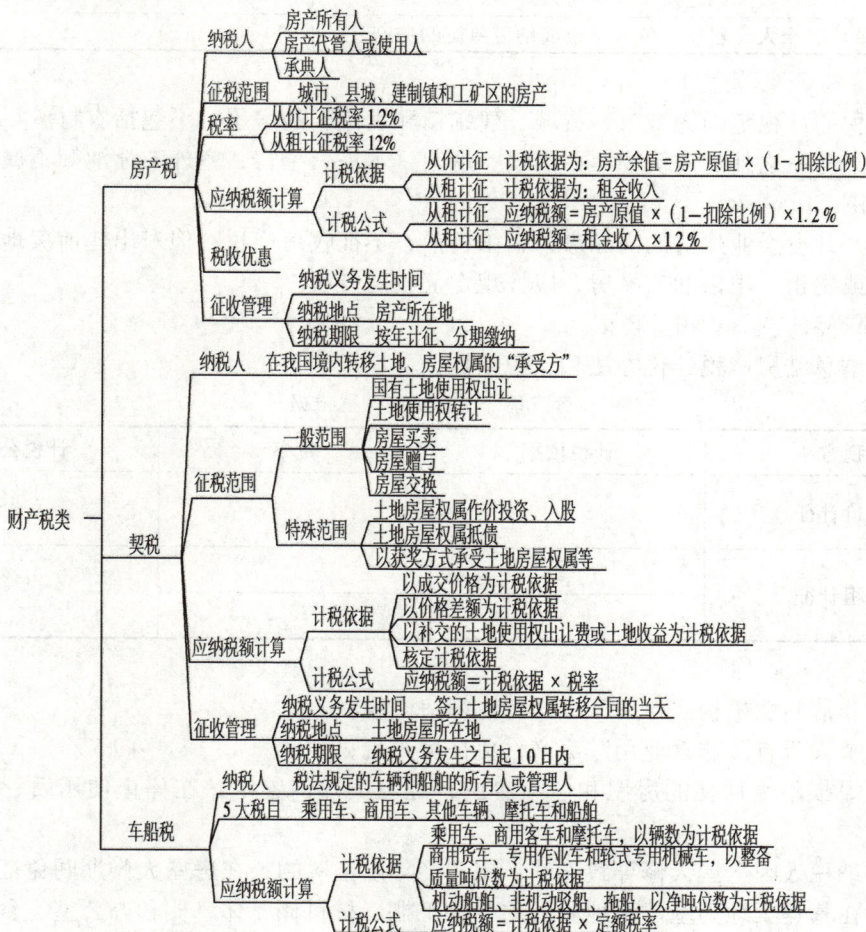

图 8-1　本项目基本结构框架图

本项目重难点与业务处理总结

一、房产税重难点

1.房产税纳税人

房产税的纳税人，是指在我国城市、县城、建制镇和工矿区内拥有房屋产权的单位和个人。

请归纳总结房产税的纳税人，并填入表8-1。

表8-1　　　　　　　　　　房产税纳税人规定

情形	具体纳税人
房屋产权属于单位、集体、个人的	
产权属于国家的	
产权"出典"的	
产权所有人、承典人均不在房产所在地的	
产权未确定及租典纠纷未解决	
纳税单位、个人无租使用免税单位或纳税单位的房产	

2.房产税征税范围

房产税的征税范围为城市、县城、建制镇和工矿区的房屋，不包括农村。

独立于房屋之外的建筑物，如围墙、烟囱、水塔、菜窖、室外游泳池等不属于房产税的征税范围。

房地产开发企业建造的商品房，在出售前，不征收房产税，但对出售前房地产开发企业已使用或出租、出借的商品房，应按规定征收房产税。

3.房产税计税办法和计税依据

请归纳总结房产税计税办法和计税依据，并填入表8-2。

表8-2　　　　　　　　　　房产税计税方法和计税依据

计税方法	计税依据	税率	计税公式
从价计征			
从租计征			

4.房产税税收优惠

（1）非营利性机构"自用"房产，免征房产税；

（2）个人所有"非营业用"房产，免征房产税；

（3）毁损不堪居住的房屋和危险房屋，经有关部门鉴定，在停止使用后，可免征产税；

（4）纳税人因房屋大修导致连续停用"半年以上"的，在房屋大修期间免征房产税；

（5）在基建工地为基建工地服务的各种工棚、材料棚、休息棚和办公室、食堂、茶炉房、汽车房等"临时性房屋"，在施工期间免征房产税；

（6）向居民供热并向居民收取采暖费的供热企业，暂免征收房产税。

二、契税重难点

1.契税纳税人

契税的纳税人，是指在我国境内"承受"（以受让、购买、受赠、交换等方式取得的）土地、房屋权属转移的单位和个人。契税由土地、房屋权属的**承受人**缴纳。

2.契税征税范围

契税以在我国境内转移土地、房屋权属的行为作为征税对象。土地、房屋权属未发生转移的，不征收契税。

请归纳总结契税征税范围，并填入表8-3。

表8-3　　　　　　　　　　　　契税征税范围

征税范围	具体情形
一般规定	
特殊规定	

3.契税应纳税额的计算

按照土地、房屋权属转移的形式、定价方法的不同，契税的计税依据有所不同。

请归纳总结契税计税依据，并填入表8-4。

表8-4　　　　　　　　　　　　契税计税依据规定

计税依据	适用范围
以成交价格为计税依据	
以价格差额为计税依据	
以补交的土地使用权出让费或土地收益为计税依据	
核定计税依据	

其应纳税额计算公式为：

$$应纳税额=计税依据×税率（3\%~5\%）$$

三、车船税重难点

1.车船税征税范围

车船税的税目分为五大类，包括乘用车、商用车、其他车辆、摩托车和船舶。

2.车船税应纳税额的计算

车船税以车船的计税单位数量为计税依据。《中华人民共和国车船税法》按照车船的种类和性能，分别确定每辆、整备质量、净吨位每吨和艇身长度每米为计税单位。

请归纳总结车船税计税依据和应纳税额计算公式，并填入表8-5。

表8-5　　　　　　　　　　　　车船税应纳税额的计算

税目		计税依据	应纳税额
乘用车			
摩托车			
商用客车			
商用货车	挂车		
	半挂牵引车、客货两用汽车、三轮汽车和低速载货汽车		
	专业作业车		
	轮式专用机械车		
船舶	机动船舶		
	拖船、非机动驳船		
	游艇		

同步训练

基础知识训练

一、单项选择题

1.（2015年）甲企业拥有一处原值560 000元的房产，房产税税率为1.2%，当地规定的房产税减除比例为30%。下列甲企业该房产年应缴纳房产税税额的计算中，正确的是（　　）。

A.560 000×1.2%=6 720（元）　　　　B.560 000÷（1-30%）×1.2%=9 600（元）

C.560 000×（1-30%）×1.2%=4 704（元）　　D.560 000×30%×1.2%=2 016（元）

2.（2015年）某企业2014年的房产原值为1 000万元，已计提折旧500万元。从价计征房产税税率为1.2%，当地政府规定的扣除比例为30%。下列该企业当年应缴纳房产税税额的计算中，正确的是（　　　）。

A.1 000×（1−30%）×1.2%=8.4（万元）

B.1 000×1.2%=12（万元）

C.（1 000−500）×1.2%=6（万元）

D.（1 000−500）×（1−30%）×1.2%=4.2（万元）

3.（2015年）2014年6月15日，甲公司购买两辆乘用车。乘用车发动机气缸容量排气量为2.0升，当地规定的车船税年基准税额为480元/辆。下列甲公司2014年应纳车船税税额的计算中，正确的是（　　　）。

A.2×480÷12×7=560（元）　　　　　　B.2×480÷12×（6+15÷30）=520（元）

C.2×480÷12×6=480（元）　　　　　　D.2×480=960（元）

4.（2014年）根据车船税法律制度的规定，下列关于车船税纳税申报的表述中，不正确的是（　　　）。

A.没有扣缴义务人的，纳税人应当向主管税务机关自行申报缴纳车船税

B.保险机构为扣缴义务人的，应当在收取保险费时依法代收车船税，并出具代收税款凭证

C.已缴纳车船税的车船在同一纳税年度内办理转让过户的，可以退税

D.扣缴义务人已代收代缴车船税的，纳税人不再向车辆登记地的主管税务机关申报缴纳车船税

5.（2014年）纳税人应当自契税纳税义务发生之日起（　　　）日内，向土地、房屋所在地的税收征收机关办理纳税申报。

A.5　　　　　　B.10　　　　　　C.7　　　　　　D.15

6.（2013年）根据契税法律制度的规定，下列各项中，不属于契税纳税人的是（　　　）。

A.出售房屋的个人　　　　　　B.受赠土地使用权的企业

C.购买房屋的个人　　　　　　D.受让土地使用权的企业

7.（2013年）根据契税法律制度的规定，下列各项中，不予免征契税的是（　　　）。

A.医院承受划拨土地用于修建门诊楼　　B.农民承受荒沟土地用于林业生产

C.企业接受捐赠房屋用于办公　　　　　D.学校承受划拨土地用于建造教学楼

8.（2013年）甲企业2012年全年将原值500万元的仓库出租给乙企业，换回价值30万元的原材料。当地规定的房产税扣除比例为30%，从租计征房产税税率为12%，则甲企业当年应缴纳的房产税税额为（　　　）万元。

A.500×（1−30%）×12%+30×12%=45.6　　B.500×（1−30%）×12%=42

C.500×12%=60　　　　　　　　　　　　D.30×12%=3.6

9.（2012年）根据车船税法律制度的规定，下列车辆均非新能源车辆，免予缴纳车船税的是（　　　）。

A.载客汽车　　　　B.银行运钞车　　　　C.机关公务车　　　D.养殖渔船

10.（2012年）某企业2011年度生产经营用房原值12 000万元，幼儿园用房原值400万元，出租房屋原值600万元，年租金80万元。房产原值减除比例为30%，房产税从价计征的税率为1.2%，从租计征的税率为12%。下列该企业当年应缴纳房产税税额的计算中，正确的是（　　　）。

A.12 000×（1-30%）×1.2%=100.8（万元）

B.12 000×（1-30%）×1.2% + 80×12%=110.4（万元）

C.（12 000+400）×（1-30%）×1.2% + 80×12%=113.76（万元）

D.（12 000+400+600）×（1-30%）×1.2%=109.2（万元）

二、多项选择题

1.（2014）下列各项中，属于车船税征税范围的有（　　）。

A.乘用车　　　　　　B.无轨电车　　　　　C.电动自行车　　　D.挂车

2.（2014年）根据车船税法律制度的规定，下列关于车船税纳税地点的表述中，正确的有（　　）。

A.依法不需要办理登记的车船，纳税地点为车船的所有人或者管理人所在地

B.纳税人自行申报纳税的车船，纳税地点为车船登记地的主管税务机关所在地

C.需要办理登记的车船，纳税地点为车船所在地

D.扣缴义务人代收代缴税款的车船，纳税地点为扣缴义务人所在地

3.（2013年）根据房产税法律制度的规定，下列各项中，应当计入房产原值计征房产税的有（　　）。

A.独立于房屋之外的烟囱　　　　　　　　B.中央空调

C.房屋的给水排水管道　　　　　　　　　D.室外游泳池

4.下列有关我国土地增值税和契税的表述中，不正确的有（　　）。

A.转让房地产时，契税的纳税义务人同时也是土地增值税的纳税义务人

B.契税采用有地区差别的定额税率，土地增值税采用四级超额累进税率

C.契税和土地增值税都是向房地产所在地的主管税务机关申报缴纳

D.契税和土地增值税均应自纳税义务发生之日起10日内申报缴纳

5.根据车船税法律制度的规定，下列车船（汽油动力）中，免征车船税的有（　　）。

A.警用车船　　　　　　　　　　　　B.养殖渔船

C.物流公司营运用货车　　　　　　　　　D.汽车租赁公司出租用乘用车

6.下列车船中，属于车船税征税范围的有（　　）。

A.挂车　　　　　　　B.非机动驳船　　　　C.电动自行车　　　D.摩托车

7.下列有关房产税减免税的规定中，表述正确的有（　　）。

A.国家机关自用的办公楼免征房产税

B.公园附设的照相馆占用的房产免征房产税

C.某公立高校教室用房免征房产税

D.个人所有居住用房免征房产税

8.下列有关房产税的纳税义务发生时间，表述不正确的有（　　）。

A.纳税人将原有房产用于生产经营，从生产经营之次月起缴纳房产税

B.纳税人自行新建房屋用于生产经营，从建成之次月起缴纳房产税

C.纳税人购置新建商品房，从办理验收手续之次月起缴纳房产税

D.纳税人购置存量房，自房屋交付使用之次月起缴纳房产税

9.下列车船中，以整备质量吨位数为车船税计税依据的有（　　）。

A.非机动驳船　　　　　B.客货两用车　　　　　C.低速载货汽车　D.专用作业车

10.下列有关我国房产税的特征，表述正确的有（　　　）。

A.对位于中华人民共和国境内的房产普遍征收

B.实行有地区差别的定额税率

C.房产税的计税依据为房产余值或者租金收入

D.房产税应当在房产所在地缴纳

三、判断题

1.（2016 年）房地产开发企业建造的商品房，出售前已使用的，不征收房产税。
（　　　）

2.（2015 年）我国现行房产税对从价计征和从租计征实行不同标准的比例税率。
（　　　）

3.（2014 年）车船税纳税义务发生时间为取得车船所有权或者管理权的当月。
（　　　）

4.（2014 年）产权所有人、承典人均不在房产所在地的，房产税的纳税人为房产代管人或者使用人。
（　　　）

5.（2014 年）对融资租赁的房屋计征房产税时，应以出租方取得的租金收入为计税依据。
（　　　）

6.（2014 年）某公立高校将一处原用于教学已免缴契税的教学楼出租给某企业，要征收契税，但不需要补缴已经免缴的契税。
（　　　）

7.（2013 年）以房产投资收取固定收入、不承担经营风险的，应以出租方取得的租金收入为计税依据计缴房产税。
（　　　）

8.（2009 年）凡以房屋为载体，不可随意移动的附属设备和配套设施，无论在会计核算中是否单独记账与核算，都应计入房产原值，计征房产税。
（　　　）

9.（2008 年）契税的纳税人是在我国境内转让土地、房屋权属的单位和个人。
（　　　）

10.以房屋权属设定抵押，抵押期间纳税人无须缴纳契税；以房屋权属抵债，债务人应当申报缴纳契税。
（　　　）

项目 9

解读资源税类法律制度

学习指导

资源税类主要包括资源税、土地增值税、城镇土地使用税、耕地占用税和烟叶税。

本项目基本结构框架

本项目基本结构框架，如图 9-1 所示。

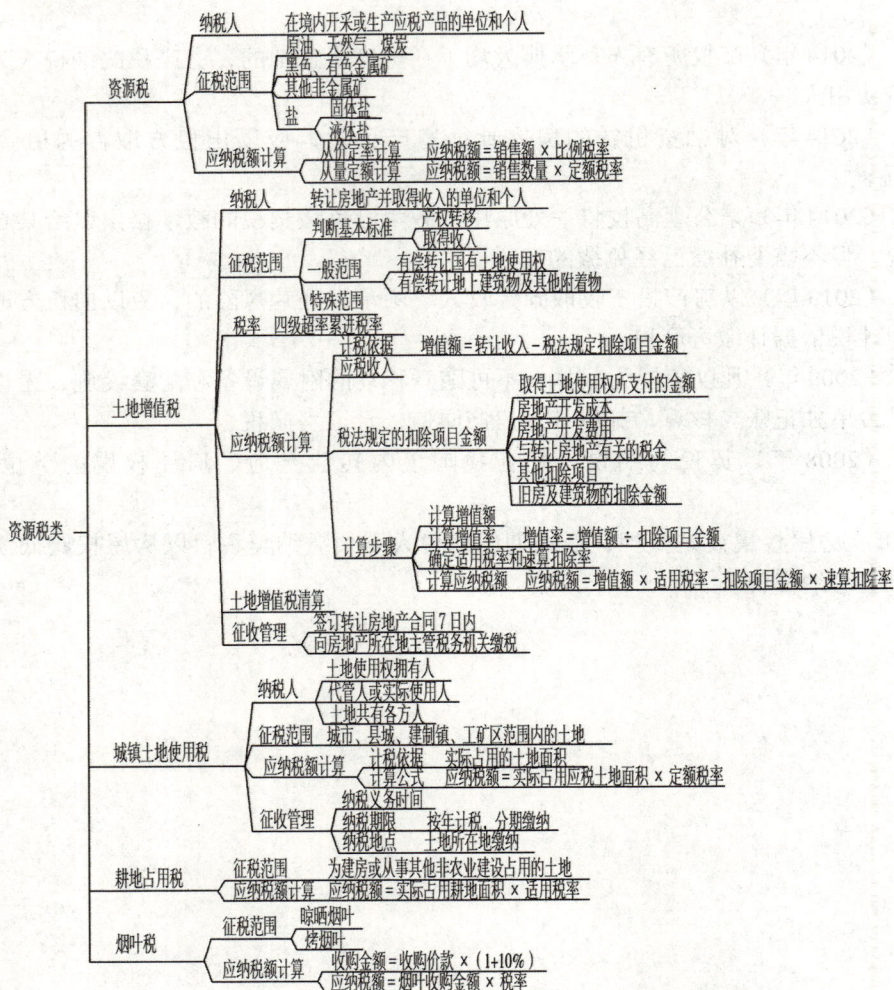

资源税类
- 资源税
  - 纳税人　在境内开采或生产应税产品的单位和个人
  - 征税范围
    - 原油、天然气、煤炭
    - 黑色、有色金属矿
    - 其他非金属矿
    - 盐　固体盐／液体盐
  - 应纳税额计算
    - 从价定率计算　应纳税额＝销售额 × 比例税率
    - 从量定额计算　应纳税额＝销售数量 × 定额税率
- 土地增值税
  - 纳税人　转让房地产并取得收入的单位和个人
  - 征税范围
    - 判断基本标准　产权转移／取得收入
    - 一般范围　有偿转让国有土地使用权／有偿转让地上建筑物及其他附着物
    - 特殊范围
  - 税率　四级超率累进税率
  - 应纳税额计算
    - 计税依据　增值额＝转让收入 − 税法规定扣除项目金额
    - 应税收入
    - 税法规定的扣除项目金额
      - 取得土地使用权所支付的金额
      - 房地产开发成本
      - 房地产开发费用
      - 与转让房地产有关的税金
      - 其他扣除项目
      - 旧房及建筑物的扣除金额
    - 计算步骤
      - 计算增值额
      - 计算增值率　增值率＝增值额 ÷ 扣除项目金额
      - 确定适用税率和速算扣除率
      - 计算应纳税额　应纳税额＝增值额 × 适用税率 − 扣除项目金额 × 速算扣除率
  - 土地增值税清算
  - 征收管理　签订转让房地产合同 7 日内／向房地产所在地主管税务机关缴税
- 城镇土地使用税
  - 纳税人
    - 土地使用权拥有人
    - 代管人或实际使用人
    - 土地共有各方人
  - 征税范围　城市、县城、建制镇、工矿区范围内的土地
  - 应纳税额计算
    - 计税依据　实际占用的土地面积
    - 计算公式　应纳税额＝实际占用应税土地面积 × 定额税率
  - 征收管理
    - 纳税义务时间
    - 纳税期限　按年计税，分期缴纳
    - 纳税地点　土地所在地缴纳
- 耕地占用税
  - 征税范围　为建房或从事其他非农业建设占用的土地
  - 应纳税额计算　应纳税额＝实际占用耕地面积 × 适用税率
- 烟叶税
  - 征税范围　晾晒烟叶／烤烟叶
  - 应纳税额计算
    - 收购金额＝收购价款 × (1+10%)
    - 应纳税额＝烟叶收购金额 × 税率

图 9-1　本项目基本结构框架图

本项目重难点与业务处理总结

一、资源税重难点

1.资源税纳税人和征税范围

资源税的纳税人，是指在中华人民共和国领域及管辖海域**开采**《中华人民共和国资源税暂行条例》规定的**矿产品或者生产盐**（以下称开采或者生产应税产品）的**单位和个人**。我国目前资源税的征税范围仅涉及矿产品和盐两大类。

请归纳总结资源税征税范围，并填入表9-1。

表9-1　　　　　　　　　　　　　　　**资源税征税范围**

征税范围	列举内容
矿产品	
盐	

2.资源税应纳税额的计算

资源税的计税依据为应税产品的销售额或销售量。资源税的应纳税额，按照从价定率或者从量定额的计税办法。

请归纳总结资源税计税办法和应纳税额计算，并填入表9-2。

表9-2　　　　　　　　　　　　　**资源税计税依据及计税公式**

计税办法	计税依据	计税公式
从价计征		
从量计征		

（1）销售额，是指纳税人销售应税矿产品向购买方收取的全部价款和价外费用，但不包括收取的增值税销项税额和运杂费用。

（2）纳税人将其开采或生产的应税产品，自用于连续生产应税产品的，在移送使用环节不缴纳资源税，在生产的应税产品销售或自用时计算缴纳资源税。

（3）纳税人开采或者生产应税产品，自用于连续生产应税产品以外的其他方面的，视同销售缴纳资源税。

（4）征税对象为原矿的，纳税人销售自采原矿加工的精矿，应将精矿销售额折算为原矿销售额缴纳资源税。其计算公式为：

$$原矿销售额=精矿销售额÷选矿比$$

（5）征税对象为精矿的，纳税人销售原矿时，应将原矿销售额换算为精矿销售额缴纳资源税。其计算公式为：

$$精矿销售额=原矿销售额×换算比$$

（6）核定销售额。纳税人申报的应税产品销售额明显偏低且无正当理由的、有视同销售应税产品行为而无销售额的，除财政部、国家税务总局另有规定外，按下列顺序确定销售额：

①按纳税人最近时期同类产品的平均销售价格确定；

②按其他纳税人最近时期同类产品的平均销售价格确定；

③按组成计税价格确定，组成计税价格公式为：

$$组成计税价格=成本×（1+成本利润率）÷（1-税率）$$

二、土地增值税重难点

1.土地增值税纳税人

土地增值税的纳税人为"转让"国有土地使用权、地上建筑物及其附着物（以下简称"转让房地产"）并"取得收入"的单位和个人。

2.土地增值税征税范围

判断土地增值税征税范围要把握以下三个标准：

①国有标准：指转让的土地使用权必须为国家所有；

②产权标准：指土地使用权、地上建筑物及其附着物的产权必须发生转让；

③取得收入标准：指征收土地增值税的行为必须取得转让收入。

请判断以下行为是否属于土地增值税征税范围，并填入表9-3。

表9-3　　　　　　　　　　土地增值税征税范围判断

具体情形	是否属于征税范围
有偿转让国有土地使用权	
有偿转让地上建筑物及其他附着物	
房地产开发企业	
企业改制重组	
房地产交换	
房地产出租	
合作建房	
房地产抵押	
房地产代建行为	
房地产重新评估	
土地使用者处置土地使用权	

3.土地增值税应纳税额计算的总体思路

土地增值税应纳税额计算的总体思路归纳为以下五步骤：

（1）确定扣除项目金额；

（2）计算增值额，增值额=房地产转让收入-扣除项目金额；

（3）计算增值率，增值率=增值额÷扣除项目金额×100%；

（4）确定适用税率及速算扣除系数（适用"四级超率累进税率"）；

（5）计算土地增值税应纳税额。

采用速算扣除率法的计算公式为：

应纳税额=增值额×适用税率-扣除项目金额×速算扣除系数

4.扣除项目金额的确定

请归纳总结不同企业土地增值税税前扣除项目，并填入表9-4。

表9-4　　　　　　　　　　　不同情况下扣除项目汇总

扣除项目	新建房地产		存量房地产	
	非房地产企业	房地产企业	旧房及建筑物	土地使用权
取得土地使用权所支付的金额				
房地产开发成本				
房地产开发费用				
与转让房地产有关的税金				
其他扣除项目（即加计扣除）				
旧房及建筑物的评估价格				

5.土地增值税清算

请归纳总结纳税人"应当"或"可以"进行土地增值税清算的不同情形，并填入表9-5。

表9-5　　　　土地增值税"应当"与"可以"进行土地增值税清算的条件

"应当"进行清算情况	"可以"进行清算情况

三、 城镇土地使用税重难点

1.城镇土地使用税纳税人

城镇土地使用税根据用地者具体情况，分别确定不同的纳税人。

请归纳总结城镇土地使用税纳税人，并填入表9-6。

表9-6　　　　　　　　　城镇土地使用税纳税人规定

情形	具体纳税人
拥有土地使用权的纳税人自己使用	
拥有土地使用权的纳税人不在土地所在地	
土地使用权未确定或权属纠纷未解决	
土地使用权共有的	

2.城镇土地使用税征税范围

凡在城市、县城、建制镇、工矿区范围内的土地，不包括农村。不论是属于国家所有的土地，还是集体所有的土地，都属于城镇土地使用税的征税范围。

3.城镇土地使用税计税依据（实际占用土地面积）

请归纳总结城镇土地使用税实际占用土地面积确定方法，并填入表9-7。

表9-7　　　　　　　　　实际占用土地面积确定

情形	实际占用土地面积确定
已测定土地面积的	
尚未组织测定，但已核发土地使用证书的	
尚未核发土地使用证书的	

四、比较城镇土地使用权与房产税

请分析比较城镇土地使用税与房产税，并填入表9-8。

表9-8　　　　　　　　　城镇土地使用税与房产税的比较

项目		城镇土地使用税	房产税
纳税人			
征税对象			
征税范围			
税率			
税额计算			
税收优惠	非营利性机构"自用"房产或土地		
	纳税单位无偿使用无税单位土地或房产		
	个人所有"非营业用"房产或土地		
纳税义务发生时间	纳税人购置新建商品房		
	纳税人购置存量房		
	纳税人出租、出借房产		
纳税地点			
纳税期限			

同步训练

基础知识训练

一、单项选择题

1.（2016年）根据资源税法律制度的规定，下列产品中，应征收资源税的是（　　）。

A.与原油同时开采的天然气　　　　　　B.人造石油

C.原木地板　　　　　　　　　　　　　D.已税原煤加工的洗煤

2.（2016年改）根据资源税法律制度的规定，下列各项中，按照固定税额从量征收资源税的是（　　）。

A.天然气　　　　　B.黏土　　　　　C.煤炭　　　　　D.原油

3.（2015年）根据资源税法律制度的规定，下列各项中，不属于资源税征税范围的是（　　）。

A.井矿盐　　　　　　　　　　　　　　B.金刚石原矿

C.金锭　　　　　　　　　　　　　　　D.柴油

4.（2015年）根据资源税法律制度的规定，下列各项中，实行从量计征的是（　　）。

A.原煤　　　　　B.天然气　　　　　C.砂石　　　　　D.原油

5.（2015年）根据土地增值税法律制度的规定，下列各项中，属于土地增值税征税范围的是（　　）。

A.房地产的出租　　　　　　　　　　　B.企业间的房地产交换

C.房地产的代理　　　　　　　　　　　D.房地产的抵押

6.（2015年）根据土地增值税法律制度的规定，纳税人建造普通标准住宅出售，增值额未超过扣除项目金额（　　）的，免征土地增值税。

A.5%　　　　　B.10%　　　　　C.20%　　　　　D.30%

7.（2014年）根据城镇土地使用税法律制度的规定，下列用地中，免予缴纳城镇土地使用税的是（　　）。

A.港口的码头用地　　　　　　　　　　B.邮政部门坐落在县城内的土地

C.水电站的发电厂房用地　　　　　　　D.火电厂厂区围墙内的用地

8.（2013年）根据城镇土地使用税法律制度的规定，下列各项中，应计算缴纳城镇土地使用税的是（　　）。

A.人民法院办公楼用地　　　　　　　　B.公园绿化广场用地

C.农业生产用地　　　　　　　　　　　D.盐场生产厂房用地

9.（2013年）根据土地增值税法律制度的规定，下列行为中，应缴纳土地增值税的是（　　）。

A.甲企业将自有厂房出租给乙企业

B.丙企业转让国有土地使用权给丁企业

C.某市政府出让国有土地使用权给戊房地产开发商

D.庚软件开发公司将闲置房屋通过民政局捐赠给养老院

10.（2013年）下列各项中，应计算缴纳土地增值税的是（　　　）。

A.政府向企业出让国有土地使用权　　　　　B.企业将闲置房产出租

C.企业之间交换房产　　　　　　　　　　　D.对房地产进行重新评估而产生的评估

二、多项选择题

1.（2016年）根据城镇土地使用税法律制度的规定，下列关于城镇土地使用税纳税人的表述中，正确的有（　　　）。

A.土地使用权未确定或权属纠纷未解决的，由实际使用人纳税

B.土地使用权共有的，共有各方均为纳税人，由共有各方分别纳税

C.拥有土地使用权的纳税人不在土地所在地的，由代管人或实际使用人纳税

D.城镇土地使用税由拥有土地使用权的单位或个人缴纳

2.（2015年）根据资源税法律制度的规定，下列各项中，属于资源税征税范围的有（　　　）。

A.铁矿　　　　　　　B.人造石油　　　　　C.海盐原盐　　　D.稀土矿原矿

3.（2015年）根据城镇土地使用税法律制度的规定，下列关于城镇土地使用税纳税义务发生时间的表述中，正确的有（　　　）。

A.纳税人购置新建商品房，自房屋交付使用之次月起缴纳城镇土地使用税

B.纳税人以出让方式有偿取得土地使用权，应从合同约定交付土地时间之次月起缴纳城镇土地使用税

C.纳税人新征用的耕地，自批准征用之日起满1年时开始缴纳城镇土地使用税

D.纳税人新征用的非耕地，自批准征用之次月起缴纳城镇土地使用税

4.（2014年）根据资源税法律制度的规定，下列各项中，应缴纳资源税的有（　　　）。

A.开采销售的原矿　　　　　　　　　　　　B.进口的原矿

C.职工食堂领用的自产原矿　　　　　　　　D.职工宿舍领用的自产原矿

5.（2014年）下列各项中，免征耕地占用税的有（　　　）。

A.养老院占用的耕地　　　　　　　　　　　B.铁路线路占用的耕地

C.医院占用的耕地　　　　　　　　　　　　D.学校占用的耕地

6.（2013年）根据资源税法律制度的规定，下列纳税人销售应税矿产品向购买方收取的款项中，应计入销售额缴纳资源税的有（　　　）。

A.向购买方收取的不含增值税价款　　　　　B.向购买方收取的手续费

C.向购买方收取的增值税销项税额　　　　　D.向购买方收取的包装费

7.（2013年）下列属于城镇土地使用税纳税人的有（　　　）。

A.出租土地使用权的单位　　　　　　　　　B.拥有土地使用权的个人

C.土地使用权共有方　　　　　　　　　　　D.承租土地使用权的单位

8.（2010年）根据土地增值税法律制度的规定，下列情形中，纳税人应当进行土地增值税清算的有（　　　）。

A.直接转让土地使用权的

B.整体转让未竣工决算房地产开发项目的

C.房地产开发项目全部竣工并完成销售的

D.取得房地产销售（预售）许可证满两年尚未销售完毕的

9.下列各项中，不属于土地增值税征税范围的有（　　　）。

A.国家机关转让自用的房产　　　　B.继承人依法继承的房产

C.对国有企业进行评估增值的房产　　D.对外出租的房产

10.下列各项中，不征或免征土地增值税的有（　　　）。

A.个人之间互换自有居住用房地产的

B.以房地产抵债而发生房地产权属转移的

C.将土地使用权通过中国红十字会赠与教育事业的

D.一方出地，一方出资金，双方合作建房，建成后转让的

三、判断题

1.（2016年）拥有土地使用权的纳税人不在土地所在地的，由代管人或实际使用人缴纳城镇土地使用税。　　　　　　　　　　　　　　　　　　　　　　　　（　　）

2.（2015年）烟叶税在烟叶收购环节征收。　　　　　　　　　　　　　（　　）

3.（2015年）根据土地增值税法律制度的规定，房地产开发企业取得房产销售许可证满三年仍未销售完毕的，税务机关可要求纳税人进行土地增值税清算。　（　　）

4.（2015年）土地增值税实行四级超率累进税率。　　　　　　　　　　（　　）

5.（2014年）在计算缴纳资源税时，纳税人开采或者生产不同税目应税产品，未分别核算或者不能准确提供不同税目应税产品的销售额或者销售数量的，从高适用税率。（　　）

6.（2014年）某农场占用苗圃修建水渠用于灌溉，不缴纳耕地占用税。　（　　）

7.（2014年）对公安部门无偿使用铁路、民航等单位的土地，免征城镇土地使用税。　　　　　　　　　　　　　　　　　　　　　　　　　　　　　　　（　　）

8.（2013年）纳税人开采或者生产资源税应税产品，自用于连续生产应税产品的，视同销售，应缴纳资源税。　　　　　　　　　　　　　　　　　　　　　　（　　）

9.（2013年）农村居民经批准在户籍所在地按照规定标准占用耕地，建设自用住宅，可以免征耕地占用税。　　　　　　　　　　　　　　　　　　　　　　　（　　）

10.（2012年）资源税纳税人销售应税产品采取分期收款结算方式的，其纳税义务发生时间为发出应税产品的当天。　　　　　　　　　　　　　　　　　　　（　　）

税额计算训练

【业务案例9】位于某市区的一家房地产开发公司2018年度开发建设办公楼一栋，开发该办公楼支付地价款320万元，另支付相关税费10万元；支付拆迁补偿费80万元、基础设施费100万元、建筑安装工程费480万元；实际发生借款利息120万元，但该公司不能提供金融机构贷款证明；开发完成后将其全部销售给位于同市的某工业企业，签订销售合同，销售金额共计1 800万元；该开发项目缴纳增值税90万元（增值税简易征收5%）。

已知当地省政府规定，房地产开发费用的扣除比例为9%，城市维护建设税税率为7%，教育费附加征收率为3%。

要求：根据上述资料，分析回答下列问题。

(1) 该房地产开发公司销售办公楼在计算土地增值额时，可扣除的开发成本为（　　）万元。

A.180　　　　　　　　B.560　　　　　　　　C.580　　　　　　　　D.660

(2) 该房地产开发公司销售办公楼在计算土地增值额时，可扣除的开发费用为（　　）万元。

A.99　　　　　　　　B.89.1　　　　　　　　C.88.2　　　　　　　　D.88

(3) 该房地产开发公司销售办公楼在计算土地增值额时，可扣除的相关税金为（　　）万元。

A.9　　　　　　　　B.90　　　　　　　　C.99　　　　　　　　D.108

(4) 该房地产开发公司销售办公楼计算的土地增值税为（　　）万元。

A.1 286.1　　　　　　B.1 178.1　　　　　　C.621.9　　　　　　　D.513.9

(5) 该房地产开发公司销售办公楼应缴纳的土地增值税为（　　）万元。

A.154.17　　　　　　B.186.57　　　　　　C.550.44　　　　　　　D.529.25

项目 10

解读行为税类法律制度

学习指导

行为税类主要包括印花税、城市维护建设税与教育费附加、车辆购置税和环境保护税。

本项目基本结构框架

本项目基本结构框架，如图10-1所示。

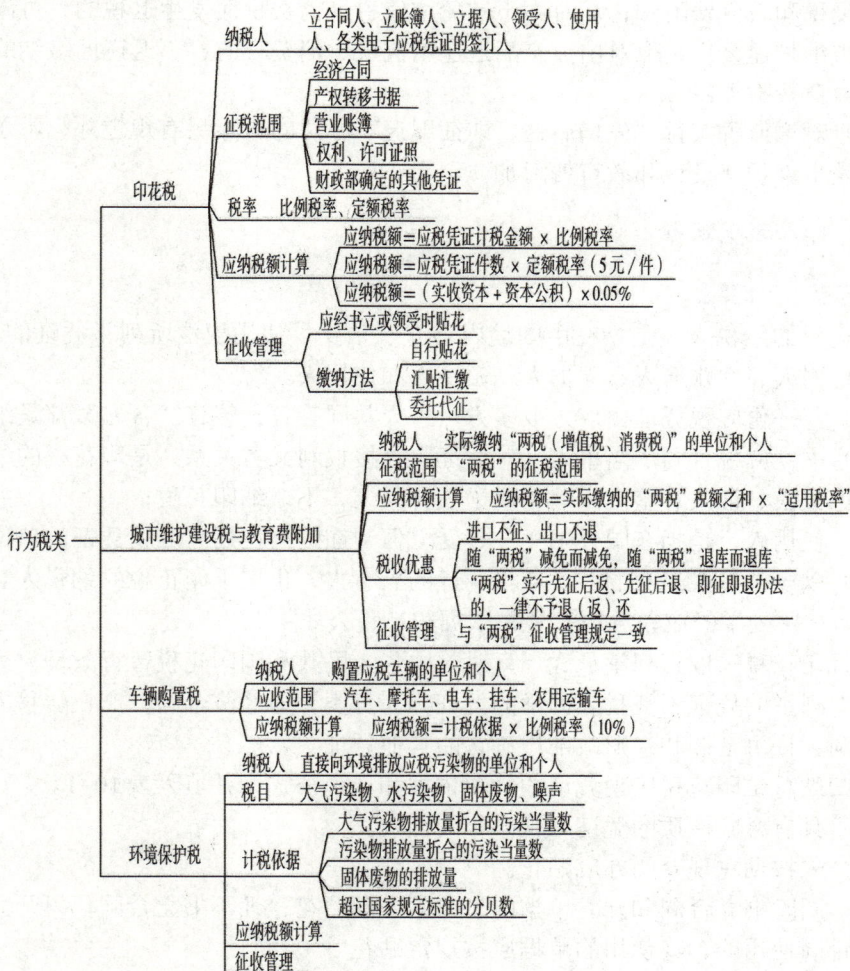

图 10-1　本项目基本结构框架图

本项目重难点与业务处理总结

一、城市维护建设税和教育费附加重难点

1.城市维护建设税和教育费附加纳税人及计税依据

城市维护建设税和教育费附加的纳税人，是指实际缴纳增值税、消费税的单位和个人。

城市维护建设税和教育费附加的计税依据是纳税人实际缴纳的增值税和消费税税额。纳税人因违反"两税"有关规定而加收的滞纳金和罚款，不作为城市维护建设税的计税依据。

纳税人在被查补"两税"和被处以罚款时，应同时对其城市维护建设税进行补税、征收滞纳金和罚款。

2.城市维护建设税和教育费附加的税收优惠规定

（1）"进口不征、出口不退"：①海关对进口产品代征的增值税、消费税，不征收城市维护建设税和教育费附加；②对由于减免增值税、消费税而发生退税的，可同时退还已征收的城市维护建设税，但对出口产品退还增值税、消费税的，不退还已缴纳的城市维护建设税和教育费附加。

（2）对增值税实行"先增后退、即征即退"办法的，除另有规定外，不予退还增值税附征的城市维护建设税和教育费附加。

二、印花税重难点

1.印花税纳税人

印花税的纳税人，是指在中国境内书立、领受、使用税法所列举凭证的单位和个人，包括立合同人、立账簿人、立据人、领受人和使用人。

（1）若一份应税凭证由双方或多方当事人共同签订，签订"各方"都是纳税人；

（2）书立应税合同的当事人（对凭证有直接权利义务关系）是印花税的纳税人，但合同的"担保人、证人、鉴定人"不属于立合同人，不缴纳印花税；

（3）使用人，是指在国外书立、领受，但"在国内使用"应税凭证的单位和个人；

（4）以电子形式签订的各类应税凭证的当事人，也属于印花税的纳税人。

2.印花税列举的应税凭证、计税依据和计税公式

现行印花税采取正列举形式，只对《中华人民共和国印花税暂行条例》列举的凭证征收，没有列举的凭证不征税。列举的凭证分为五类，即经济合同，产权转移书据，营业账簿，权利、许可证照和经财政部门确认的其他凭证。

请归纳总结印花税应税凭证的计税依据和计税公式，并填入表10-1。

（1）具有合同性质的凭证应视同合同征税。

（2）未按期兑现合同亦应贴花。

（3）同时书立合同和开立单据的，只就合同贴花；凡不书立合同，只开立单据，以单据作为合同使用的，其使用的单据应按规定贴花。

（4）载有两个或两个以上应适用不同税目税率的同一凭证，分别记载金额的，应分别计算应纳税额，按合计税额贴花；未分别记载金额的，从高计税贴花。

表 10-1　　　　　　　　　印花税列举的应税凭证、计税依据和计税公式

应税凭证		计税依据	计税公式
经济合同	购销合同		
	加工承揽合同		
	建设工程勘察设计合同		
	建筑安装工程承包合同		
	财产租赁合同		
	货物运输合同		
	仓储保管合同		
	借款合同		
	财产保险合同		
	技术合同		
产权转移书据	包括财产所有权、版权、商标专用权、专利权、专有技术使用权、土地使用权出让合同、土地使用权转让合同、商品房销售合同		
营业账簿	资金账簿		
	其他营业账簿		
权利、许可证照	只包括房屋产权证、工商营业执照、商标注册证、专利证、土地使用证（"四证一照"）		

三、车辆购置税重难点

1.车辆购置税纳税人和征税范围

车辆购置税的纳税人，是指在我国境内"购置""应税车辆"的单位和个人。

（1）"购置"包括：购买、进口、自产、受赠、获奖或者以其他方式取得并自用应税车辆的行为；

（2）"应税车辆"包括：汽车、摩托车、电车、挂车、农用运输车。

2.车辆购置税应纳税额的计算

请归纳总结车辆购置税计税依据和应纳税额计算，并填入表 10-2。

表 10-2　　　　　　　　　应纳税额计算基本规定

情形	计税依据	应纳税额
购买自用		
进口自用		

同步训练

基础知识训练

一、单项选择题

1.（2015年）根据印花税法律制度的规定，下列表述不正确的是（　　　）。

A.办理一项业务，既书立合同，又开立单据的，只就合同贴花

B.凡不书立合同，只开立单据，以单据作为合同使用的，其使用的单据应按规定贴花

C.对纳税人以电子形式签订的各类应税凭证按规定征收印花税

D.未按期兑现的合同不须贴花

2.（2015年）根据印花税法律制度的规定，下列各项中，免征印花税的是（　　　）。

A.土地使用证　　　　　　　　　　　B.专利权转移书据

C.未按期兑现的加工承揽合同　　　　D.发行单位与订阅单位之间书立的凭证

3.（2014年）根据印花税法律制度的规定，下列各项中，属于技术合同的是（　　　）。

A.会计咨询合同　　　　　　　　　　B.法律咨询合同

C.审计咨询合同　　　　　　　　　　D.技术咨询合同

4.（2013年）根据印花税法律制度的规定，下列各项中，不属于印花税缴纳方法的是（　　　）。

A.汇算清缴，多退少补　　　　　　　B.汇贴汇缴

C.自行贴花　　　　　　　　　　　　D.委托代征

5.（2011年）根据印花税法律制度的规定，下列各项中，不征收印花税的是（　　　）。

A.工商营业执照　　　　　　　　　　B.房屋产权证

C.土地使用证　　　　　　　　　　　D.税务登记证

6.（2008年）根据印花税法律制度的规定，下列各项中，属于印花税纳税人的是（　　　）。

A.合同的双方当事人　　　　　　　　B.合同的担保人

C.合同的证人　　　　　　　　　　　D.合同的鉴定人

7.甲汽贸公司本月购进4辆新汽车并作下列处置，其中应当由甲公司缴纳车辆购置税的是（　　　）。

A.赠送给乙企业1辆　　　　　　　　B.自用为通勤车1辆

C.作为有奖销售奖品奖励客户1辆　　D.加价转让给丙企业1辆

8.某4S店进口9辆商务车，海关核定的关税完税价格为40万元/辆，本月已经销售4辆，3辆仍放置在展厅待售，2辆本店自用。商务车适用关税税率为25%，消费税税率为12%。下列有关本月该4S店应缴纳的车辆购置税的计算列式中，正确的是（　　　）。

A.40×（1+25%）÷（1−12%）×10%×2

B.40×（1+25%）÷（1−12%）×10%×（3+2）

C.40×（1+25%）÷（1−12%）×10%×4

D.40×（1+25%）÷（1−12%）×10%×（4+3+2）

9.甲公司进口一批高档化妆品，下列有关该业务税务处理的说法中，正确的是（　　　）。

A.甲公司进口高档化妆品无须缴纳增值税

B.甲公司进口高档化妆品无须缴纳消费税

C.甲公司进口高档化妆品无须缴纳城市维护建设税

D.甲公司进口高档化妆品无须缴纳关税

10.某企业本月实际缴纳增值税50万元、消费税10万元、契税6万元、房产税8万元。该企业适用的城市维护建设税税率为7%，则该企业本月应当缴纳城市维护建设税（　　　）万元。

A.（50+10+6）×7%=4.62　　　　　　　B.（50+10+6+8）×7%=5.18

C.（50+10）×7%=4.2　　　　　　　　　D.（50+10+8）×7%=4.76

二、多项选择题

1.（2014年）根据车辆购置税法律制度的规定，下列单位和个人中，属于车辆购置税纳税人的有（　　　）。

A.购买应税货车并自用的某外商投资企业

B.进口应税小轿车并自用的某外贸公司

C.获得奖励应税轿车并自用的李某

D.受赠应税小型客车并自用的某学校

2.（2014年改）根据印花税法律制度的规定，下列各项中，不属于技术合同的有（　　　）。

A.会计咨询合同　　　　　　　　　　　　B.法律咨询合同

C.审计咨询合同　　　　　　　　　　　　D.技术咨询合同

3.（2013年）下列各项中，应征收印花税的有（　　　）。

A.企业与政府签订的土地使用权出让合同　B.企业签订的法律咨询合同

C.企业签订的仓储保管合同　　　　　　　D.企业签订的货物运输合同

4.下列关于印花税计税依据的表述中，符合法律规定的有（　　　）。

A.财产保险合同以保险费为计税依据

B.工商营业执照以注册资金为计税依据

C.记载资金以外的其他营业账簿以件数为计税依据

D.商标注册证以件数为计税依据

5.下列各项中，应按"产权转移书据"计征印花税的有（　　　）。

A.土地使用权出让合同　　　　　　　　　B.商品房销售合同

C.房屋产权证　　　　　　　　　　　　　D.专利权转让合同

6.下列各税种中，采用比例税率和定额税率两种税率形式的有（　　　）。

A.印花税　　　　　　　B.车船税　　　　　　　C.资源税　　　　　　　D.房产税

7.下列有关城市维护建设税税率的表述中，正确的有（　　　）。

A.按纳税人所在地区不同，设置三档差别比例税率

B.城市维护建设税的税率由省、自治区、直辖市人民政府根据当地具体情况确定，并报国务院备案

C.由受托方代收代缴"两税"的，其代收代缴的城市维护建设税按委托方所在地的适用税率执行

D.流动经营等无固定纳税地点的纳税人，在经营地缴纳"两税"的，应随同"两税"在经营地按经营地适用税率缴纳城市维护建设税

8.下列关于教育费附加的规定，说法正确的有（　　　）。

A.对纳税人进口货物海关代征的增值税、消费税，不作为教育费附加的计税依据

B.对出口产品退还增值税、消费税的，可同时退还已征收的教育费附加

C.现行教育费附加征收比率为3%

D.教育费附加单独缴纳，不与"两税"同时缴纳

9.下列属于印花税的纳税义务人的有（　　　）。

A.因其发明创造，经申请依法取得国家专利机关颁发的专利证书的某人

B.在国外领受但在国内使用应税凭证的某人

C.以电子形式签订购销合同的当事人

D.与银行签订借款合同的外商投资企业

10.根据印花税法律制度的规定，下列各项中，免征印花税的有（　　　）。

A.农林作物、牧业畜类保险合同

B.国家指定的收购部门与村委会书立的农副产品收购合同

C.无息、贴息贷款合同

D.外国政府或者国际金融组织向中国政府及国家金融机构提供优惠贷款所书立的合同

三、判断题

1.（2015年）权利、许可证照实行按件贴花缴纳印花税。　　　　　　　（　　）

2.（2015年）根据税额大小、应税项目纳税次数多少以及税源控管的需要，印花税分别采用自行贴花、汇贴汇缴、委托代征三种缴纳方法。　　　　　　　（　　）

3.（2015年）购置的新车船，车辆购置税自购买日起60日内纳税申报。　　（　　）

4.（2011年）不记载金额的营业账簿，以账簿的件数为计税依据缴纳印花税。

（　　）

5.载有两个或两个以上应适用不同税目税率的经济事项的同一凭证，分别记载金额的，应分别计算应纳税额，相加后按合计税额贴花；未分别记载金额的，按税率高的计算贴花。　　　　　　　　　　　　　　　　　　　　　　　　　　　　　（　　）

6.以合并或分立方式成立的新企业，其新启用的资金账簿记载的资金，凡原已贴花的部分可不再贴花，未贴花的部分和以后新增加的资金按规定贴花。　　　　　　（　　）

7.进口高档化妆品在报关进口时要缴纳关税、增值税、消费税、城市维护建设税和教育费附加。　　　　　　　　　　　　　　　　　　　　　　　　　　　　　（　　）

8.一份凭证应纳印花税额超过400元的，纳税人应当向当地税务机关申请填写缴款书或者完税凭证，将其中一联粘贴在凭证上或者税务机关在凭证上加注完税标记代替贴花。

（　　）

9.车间、门市部、仓库设置的不属于会计核算范围或虽属会计核算范围，但不记载金额的登记簿、统计簿、台账等，不贴印花。　　　　　　　　　　　　　　　（　　）

10.书立印花税应税凭证，但延期生效的，纳税人应当在凭证生效日贴花完税。

（　　）

项目 11

认识会计法律制度

学习指导

2017年11月4日十二届全国人大常委会第三十次会议表决通过了关于修改《中华人民共和国会计法》的决定，修改了"从事会计工作的人员，必须取得会计从业资格证书"的规定，改为"会计人员应当具备从事会计工作所需要的专业能力"。自2017年11月5日起施行。

本项目基本结构框架

本项目基本结构框架，如图11-1所示。

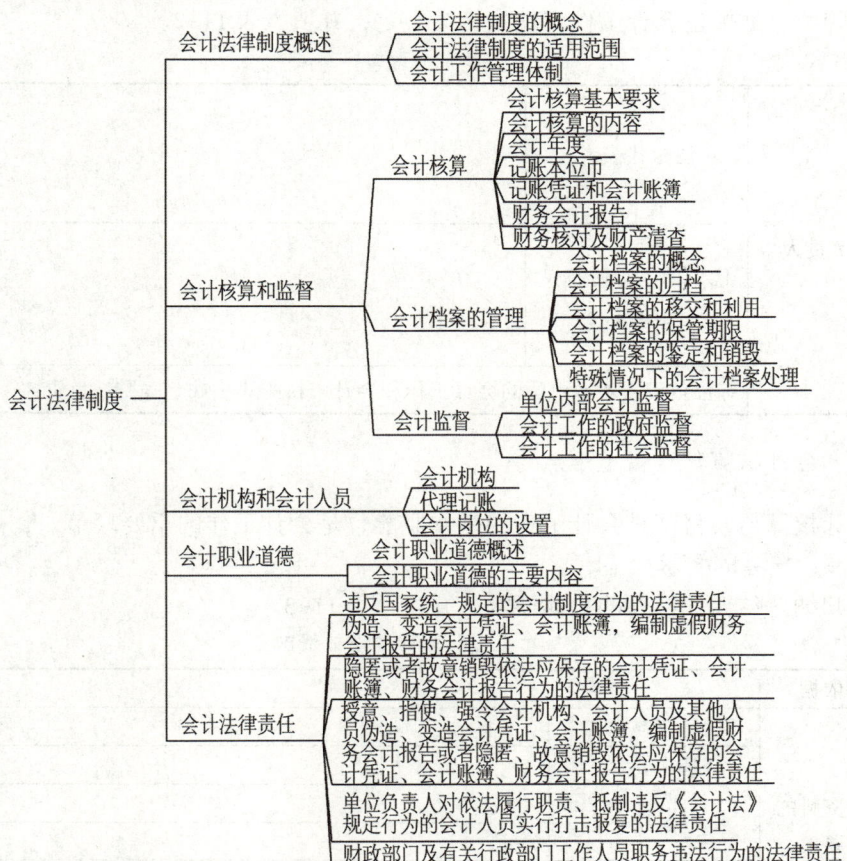

图 11-1　本项目基本结构框架图

本项目重难点与业务处理总结

一、会计法律制度重难点

请归纳总结会计法律制度不同形式下的制定机关和表现形式，并填入表11-1。

表11-1　　　　　　　　　　会计法律制度的构成

内容	制定机关	表现形式
会计法律		
会计行政法规		
国家统一的会计制度		

二、会计工作管理体制重难点

我国会计工作管理体制的总原则是统一领导、分级管理，它主要包括会计工作的行政管理和单位会计工作管理。

请归纳总结单位会计工作管理的相关规定，并填入表11-2。

表11-2　　　　　　　　　　单位会计工作管理

单位负责人	法定代表人	
	代表单位行使职权的负责人	
	单位负责人对本单位的会计工作和会计资料的真实性、完整性负责	

三、会计核算与监督重难点

会计核算与监督都是会计工作的基本职能，是会计工作的重要环节。

1.会计核算的要求

请归纳总结会计核算的总体要求，并填入表11-3。

表11-3　　　　　　　　　　会计核算的总体要求

核算依据			
对会计资料的基本要求	会计资料内容		
	基本要求		
	区别	伪造	
		变造	
	会计电算化		

2.会计核算的内容

会计核算的内容主要包括反映经济业务的凭证、账簿和报表等（见表11-4）。

表 11-4　　　　　　　　　　　　凭证、账簿和报表

关于依据	在会计信息处理流程中，前一环节是后一环节的依据，但必须有"审核"二字才能判断为正确	
会计核算 基本要求		
会计核算 的内容		
会计年度		
记账 本位币		
会计凭证	会计凭证按其用途和填制程序不同，可分为原始凭证和记账凭证两类	
会计账簿		
财务 报表	组成	
	对外提供	
账目核对		

3.会计档案管理

《会计法》和《会计基础工作规范》都对会计档案管理作出了原则性规定。财政部、国家档案局于1998年8月发布的《会计档案管理办法》，对会计档案管理有关内容作出了具体规定。2015年12月11日，财政部、国家档案局令第79号对《会计档案管理办法》进行了修订，自2016年1月1日起施行。

请归纳总结会计核算内容和会计档案管理规定，并填入表11-5。

表11-5　　　　　　　　　　　　会计档案相关知识

	归档范围	
	管理部门	财政部门和档案行政管理部门
	归档要求	
	保管期限	
销毁	程序	
	不得销毁	
特殊情况下的会计档案处置	单位分立	
	单位合并	
	建设单位项目建设	
	单位之间交接	

4.会计监督

目前，我国的会计监督体系包括单位内部监督、以政府财政部门为主体的政府监督和以注册会计师为主体的社会监督。

请归纳总结三类会计监督的主体和对象，并填入表11-6。

表11-6　　　　　　　　　　三类会计监督的主体和对象

监督种类		主体	对象
单位内部会计监督			
外部监督	政府监督		
	社会监督		

请归纳总结内部控制相关规定，并填入表11-7。

表11-7　　　　　　　　　　内部控制相关知识

	企业	行政事业单位
概念	由企业董事会、监事会、经理层和全体员工实施的，旨在实现控制目标的过程	单位为实现控制目标，通过制定制度、实施措施和执行程序，对经济活动的风险进行防范和管控
原则	全面性（全过程控制+全员控制）	重要性（重要事项+高风险领域）
	制衡性　　适应性	成本效益
内容		
控制方法		

四、会计机构和会计人员

请归纳总结会计工作岗位和会计人员工作交接规定，并填入表11-8。

表 11-8　　　　　　　　　　　　会计机构和会计人员规定

会计机构的设置原则	设置	根据会计业务的需要
	不设置	
代理记账	审批	
	业务范围	
会计岗位	具体岗位	
	不属于会计岗位	
	设置原则	
会计人员回避制度	适用范围	
	规定	
	直系亲属	
会计人员任职资格	会计	
	负责人（会计主管）	
	总会计师	
会计人员工作交接	交接范围	
	程序	监交	
		交接后	
	责任	
会计专业资格	初级资格	
	中级资格	
	高级资格	

五、会计职业道德

请归纳总结会计职业道德规定，并填入表 11-9。

表 11-9　　　　　　　　　　　　　　　　会计职业道德规定

概念		会计职业道德，是指在会计职业活动中应遵循的、体现会计职业特征的、调整会计职业关系的职业行为准则和规范
特征		具有一定的强制性
		较多关注公众利益
会计法律与会计职业道德的联系和区别	联系	
	区别	

请归纳总结会计职业道德规范的主要内容，并填入表 11-10。

表 11-10　　　　　　　　　　　　　会计职业道德规范的主要内容

1.爱岗敬业	含义	会计职业道德的基础
	基本要求	
2.诚实守信	含义	会计职业道德的根本和精髓
	基本要求	
3.廉洁自律	含义	会计职业道德的前提和内在要求
	基本要求	
4.客观公正	含义	会计职业道德的理想目标
	基本要求	
5.坚持准则	含义	会计职业道德的核心
	"准则"	不仅指会计准则，且包括会计法律、法规、国家统一的会计制度及与会计工作相关的法律制度
	基本要求	
6.提高技能	会计职业技能	主要包括会计及理论操作水平、会计实务操作能力、职业判断能力、自动更新知识能力、提供会计信息的能力、沟通交流能力、职业经验
	基本要求	
7.参与管理	含义	间接参加管理活动
	基本要求	
8.强化服务	含义	会计职业道德的归宿
	基本要求	

六、会计法律责任

请归纳总结会计法律责任的形式和内容，并填入表11-11和表11-12。

表11-11　　　　　　　　十项违法会计行为及应承担的法律责任

违法行为	法律责任
（1）未按规定填制、取得原始凭证或原始凭证不符合规定	
（2）以未经审核的会计凭证为依据登记账簿或登记账簿不符合规定	
（3）不依法设置账簿	
（4）私设账簿（账外账、小金库、两本账）	
（5）向不同的使用者提供的财务会计报告编制依据不一致	
（6）未按规定保管会计资料，致使会计资料毁损、灭失	
（7）随意变更会计处理方法	
（8）未按规定使用会计记录文字和记账本位币	
（9）未按规定建立并实施单位内部会计监督制度，拒绝依法实施监督，或不如实提供有关会计资料及有关情况	
（10）任用会计人员不符合规定	
【注意】与"税"有关的不属于违法会计行为	

表11-12　　　　　　　　其他违法会计行为及应承担的法律责任

违法行为	法律责任
伪造、变造会计凭证、会计账簿，编制虚假财务会计报告的法律责任	
隐匿或者故意销毁依法应保存的会计凭证、会计账簿、财务会计报告行为的法律责任	
授意、指使、强令会计机构、会计人员及其他人员伪造、变造会计凭证、会计账簿，编制虚假财务会计报告或者隐匿、故意销毁依法应保存的会计凭证、会计账簿、财务会计报告行为的法律责任	
单位负责人对依法履行职责、抵制违反《会计法》规定行为的会计人员实行打击报复的法律责任	
财政部门及有关行政部门工作人员职务违法行为的法律责任	

同步训练

基础知识训练

一、单项选择题

1.对故意销毁依法应当保存的会计凭证、会计账簿、财务会计报告，尚不构成犯罪的，县级以上财政部门除按规定对直接负责的主管人员和其他直接责任人员进行处罚外，对单位予以通报，可以并处罚款。对单位所处的罚款金额最低为（　　　）元。

A.5 000　　　　　　　B.2 000　　　　　　　C.3 000　　　　　　　D.1 000

2.伪造会计凭证、会计账簿及其他会计资料，是指（　　　）。

A.用涂改、挖补等手段来改变会计凭证、会计账簿等的真实内容，歪曲事实真相

B.以虚假的经济业务事项为前提编造不真实会计凭证、会计账簿和其他会计资料

C.通过编造虚假的会计凭证、会计账簿及其他会计资料或直接篡改财务会计报告上的数据，使财务会计报告不真实、不完整反映财务状况和经营成果，借以误导、欺骗会计资料使用者

D.用涂改、挖补等手段来修改会计凭证、会计账簿等的错误内容，从而达到数据真实

3.会计核算必须以实际发生的（　　　）事项为依据。

A.会计业务　　　　　　B.经济活动　　　　　　C.经济业务　　　　　　D.资金运动

4.设置总会计师的国有企业，不能再设置（　　　）。

A.单位负责人　　　　　　　　　　　B.会计机构负责人

C.与总会计师职责相同的行政副职　　　　　D.总账会计

5.根据《企业财务会计报告条例》的规定，会计机构负责人必须在对外提供的财务会计报告上（　　　）。

A.签名　　　　　　　B.盖章　　　　　　　C.签名或盖章　　　　　D.签名并盖章

6.财政部门实施会计监督检查的对象是（　　　）。

A.会计行为　　　　　　B.偷税漏税行为　　　　　C.违法经营行为　　　D.合同欺诈行为

7.根据《会计档案管理办法》的规定，固定资产卡片账自固定资产报废后的保管期限是（　　　）。

A.3 年　　　　　　　B.5 年　　　　　　　C.15 年　　　　　　　D.永久

8.对单位一定会计时期内财务成本等情况进行分析总结的书面文字报告是（　　　）。

A.会计报表　　　　　　　　　　　B.会计报表附注

C.财务情况说明书　　　　　　　　　D.财务年度计划

9.某单位会计王某采用涂改手段，将金额为 10 000 元的购货发票改为 40 000 元。根据《会计法》的有关规定，该行为属于（　　　）。

A.伪造会计凭证　　　　　　　　　B.变造会计凭证

C.伪造会计账簿　　　　　　　　　D.变造会计账簿

10.单位会计档案不得外借，遇有特殊情况，经（　　　）批准可以提供查阅或复制。

A.单位负责人　　　　　　　　　　B.上级主管单位

C.会计主管人员　　　　　　　　　　　　　　D.总会计师

11.违反《会计法》的要求私设会计账簿，县级以上人民政府财政部门可以对其直接负责的主管人员和其他直接责任人员处以的罚款金额是（　　）。

A.1 000元以上2万元以下　　　　　　　　B.2 000元以上2万元以下

C.2 000元以上5万元以下　　　　　　　　D.5 000元以上5万元以下

12.会计专业技术职务的高级职务是（　　）。

A.高级会计师　　　　B.会计师　　　　C.注册会计师　　　D.会计员

13.按照规定，（　　）任用会计人员应当实行回避制度。

A.国家机关、国有企业、事业单位　　　　B.国家机关、国有企业、企事业单位

C.国有企业、企事业单位、外资企业　　　D.国有企业、事业单位、外资企业

14.下列对编制财务会计报告的表述中，不正确的是（　　）。

A.财务会计报告应当依据会计账簿记录和有关会计资料编制

B.财务会计报告的编制要求、提供对象、提供期限应当符合法定要求

C.向不同的会计资料使用者提供的财务会计报告，其编制依据应当一致

D.各单位的财务会计报告在上报有关部门前必须经注册会计师审核签字

15.“不贪污钱财，不收受贿赂，保持清白”体现了会计职业道德的（　　）。

A.爱岗敬业　　　　B.廉洁自律　　　C.诚实守信　　　D.客观公正

16.由国务院发布的会计法律制度属于（　　）。

A.会计法律　　　　　　　　　　　　B.会计行政法规

C.会计部门规章　　　　　　　　　　D.会计规范性文件

17.“做老实人，说老实话，办老实事”，这句话体现的会计职业道德规范内容是（　　）。

A.参与管理　　　　B.诚实守信　　　C.爱岗敬业　　　D.提高技能

18.某公司资金紧张，需向银行贷款500万元。公司经理请返聘的张会计对公司提供给银行的会计报表进行技术处理。张会计很清楚公司目前的财务状况和偿债能力，但在张经理的反复开导下，张会计出于经理平时对自己的照顾，于是按照贷款所要求的指标编造了一份经过技术处理后漂亮的会计报表，公司获得了银行的贷款。下列对张会计行为的认定中，正确的是（　　）。

A.张会计违反了爱岗敬业、客观公正的会计职业道德要求

B.张会计违反了参与管理、坚持准则的会计职业道德要求

C.张会计违反了客观公正、坚持准则的会计职业道德要求

D.张会计违反了强化服务、客观公正的会计职业道德要求

19.作为记账凭证编制依据的必须是（　　）的原始凭证和有关资料。

A.经办人签字　　　　B.审核无误　　　C.金额无误　　　D.领导认可

20.下列关于会计人员工作交接的表述中，错误的是（　　）。

A.会计人员在临时离职或因其他原因暂时不能工作时，应办理会计工作交接

B.一般会计人员办理交接手续，由会计机构负责人监交

C.接管人员应继续使用移交前的账簿，不得擅自另立账簿

D.接替人员在交接时因疏忽没有发现所接会计资料在合法性、真实性方面的问题而在事后发现的，应由接替人员负责

二、多项选择题

1.单位隐匿或者故意销毁依法应当保存的会计凭证、会计账簿、财务会计报告的，县级以上人民政府财政部门可以依法行使的职权包括（　　　）。

A.予以通报

B.对单位处以 5 000 元以上 10 万元以下的罚款

C.对其直接负责的主管人员和其他责任人员处以 3 000 元以上 5 万元以下的罚款

D.对其中的会计人员吊销会计从业资格证书

2.根据《会计法》的规定，对单位处以 5 000 元以上 10 万元以下罚款的行为有（　　　）。

A.伪造变造会计凭证、会计账簿　　　　　　B.隐匿应当保存的财务会计报告

C.故意销毁应当保存的会计凭证　　　　　　D.编制虚假财务会计报告

3.违反《会计法》的规定，应当承担的法律责任包括（　　　）。

A.责令限期改正　　　　　　　　　　　　　B.罚款

C.给予行政处分　　　　　　　　　　　　　D.禁止从事会计工作

4.会计工作交接完毕之后，必须在移交清单上签名或者盖章的人员有（　　　）。

A.接管人　　　　　　B.移交人　　　　　　C.监交人　　　　　D.会计机构负责人

5.下列关于会计专业技术资格的说法中，正确的有（　　　）。

A.初级会计的取得实行全国统一考试制度

B.中级会计的取得实行全国统一考试制度

C.高级会计的取得实行全国统一考试制度

D.高级会计师资格考试成绩合格证在全国范围内 5 年有效

6.下列关于财产清查的说法中，正确的有（　　　）。

A.在编制年度财务会计报告之前，必须进行财产清查

B.对账实不符等问题根据国家统一的会计制度的规定进行会计处理

C.通过清查可以确定各项财产的实存数，以便查明实存数与账面数是否相符，并查明不符的原因和责任

D.各单位应当定期将会计账簿记录与实物款项及有关资料相互核对，保证会计账簿记录与实物及款项的实有数额相符

7.下列各项中，在会计法规制度中进行了统一规范的有（　　　）。

A.会计年度　　　　　　　　　　　　　　　B.记账本位币

C.设置会计账簿　　　　　　　　　　　　　D.填制会计凭证

8.下列关于会计账簿的表述中，正确的有（　　　）。

A.会计账簿以会计凭证为依据

B.由一定格式相互联系的账页所组成

C.是会计资料的主要载体之一

D.是编制财务会计报告，检查、分析和控制单位经济活动的主要依据

9.下列属于《会计法》对会计电算化作出的规定的有（　　　）。

A.使用的会计核算计算机必须为国家指定的品牌

B.使用的会计核算软件必须符合国家统一的会计制度的规定

C.使用电子计算机软件生成的会计资料必须符合国家统一的会计制度的要求

D.使用电子计算机进行会计核算的人员必须经国家统一培训

10.下列说法中，正确的有（　　　）。

A.单位负责人负责单位内部的会计工作管理，应当保证会计机构、会计人员依法履行职责

B.单位负责人是指单位法定代表人或者法律、行政法规规定代表单位行使职权的主要负责人

C.单位负责人负责单位内部的会计管理，不得授意、指使、强令会计机构和会计工作人员违法办理会计事项

D.单位负责人对本单位的会计工作和会计资料的真实性、完整性负责

11.我国会计工作管理体制的总原则包括（　　　）。

A.统一领导　　　　　B.分级管理　　　　　C.统一管理　　　　　D.分级领导

12.会计人员继续教育的目的有（　　　）。

A.提高和保持专业胜任能力　　　　　B.提高和保持职业道德水平

C.提高和保持学位　　　　　D.提高和保持学历

13.依法建账是建账的最基本原则，主要包括（　　　）。

A.国家机关、社会团体、公司、企业、事业单位和其他组织，都应当按照《会计法》的规定设置会计账簿，进行会计核算

B.设置会计账簿的种类和具体要求，应当符合《会计法》和国家统一的会计制度的规定

C.各单位发生的各项经济业务事项应当统一进行会计核算，不得违反规定私设会计账簿进行登记核算

D.必须使用真实的会计资料登记账簿，并加以核算

14.会计职业道德的"坚持准则"的基本要求包括（　　　）。

A.遵循准则，提高会计人员执行准则能力

B.熟悉准则，提高会计人员遵守准则能力

C.宣传准则，提高会计人员推广准则能力

D.坚持准则，提高会计人员依法理财能力

15.下列关于会计职业道德的说法中，正确的有（　　　）。

A.会计职业道德是调整会计职业活动中各种利益关系的手段

B.会计职业道德具有相对稳定性

C.会计职业道德具有广泛的社会性

D.会计职业道德具有一定的强制性

16.廉洁自律要求会计人员（　　　）。

A.公私分明　　　　　B.不贪不占　　　　　C.遵纪守法　　　　　D.清正廉洁

17.记账凭证上应当有（　　　）的签名或印章。

A.填制人员　　　　　B.稽核人员　　　　　C.记账人员　　　　　D.会计主管人员

18.下列事项中，属于记账凭证内容的有（　　　）。

A.填制凭证的日期　　　B.经济业务的摘要　　　C.会计科目　　　D.记账凭证编号

19.下列有关记账凭证填制的说法中，错误的有（　　　）。

A.填制记账凭证时，应当对记账凭证连续编号

B.除结账和更正错误的记账凭证可以不附原始凭证外，其他记账凭证必须附有原始凭证

C.一张原始凭证所列支出需要几个单位共同负担的，应当将原件复印后交给对方单位

D.登记入账前填制记账凭证时发生金额错误的，应当重新填制；发生金额以外其他错误的，可以直接更正并在更正处签名或盖章

20.下列各项中，符合会计职业道德的"廉洁自律"的要求有（　　　）。

A.树立正确的人生观和价值观

B.严格划分公私界限，公私分明、不贪不占

C.遵纪守法，不收受贿赂、不贪污钱财，保持清白

D.自觉抵制拜金主义、个人主义

三、判断题

1.对犯有打击报复会计人员罪的单位负责人，可处 3 年以下有期徒刑或者拘役。
（　　　）

2.各单位发生的各项经济业务应当在依法设置的会计账簿上统一登记、核算，不得违反规定私设会计账簿进行登记、核算。
（　　　）

3.会计人员调动或因故离职，应与接管人员办理会计人员工作交接手续，未办清交接手续的，不得调动或离职。
（　　　）

4.根据《会计法》规定，国有的和国有资产占控股地位或者主导地位的大、中型企业可以设置总会计师。
（　　　）

5.根据《会计法》规定，不具备设置会计机构和会计人员条件的，应当委托从事会计代理记账业务的中介机构代理记账。
（　　　）

6.如实向委托的会计师事务所提供会计资料和有关情况，是委托人的责任和义务。
（　　　）

7.《会计法》要求建立的三位一体的会计监督体系是财政监督、审计监督和税务监督。
（　　　）

8.从《会计法》规定的单位内部会计监督制度的内容来看，其本质是一种内部控制制度。
（　　　）

9.会计人员在工作中应主动就单位经营管理中存在的问题提出合理化建议，协助领导决策，这是会计职业道德中的爱岗敬业所要求的。
（　　　）

10.根据《企业财务会计报告条例》规定，会计期间分为年度、半年度、季度和月度，以满足单位经营管理和投资者对会计资料的需要。
（　　　）

11.会计人员如果在填制记账凭证时发生错误，应当重新填制。
（　　　）

12.用计算机进行会计核算与手工会计核算，在会计法律上的规定是不同的。（　　　）

13.会计法律是由全国各地人民代表大会或其常务委员会制定的。
（　　　）

14."小金库"属于私设会计账簿的行为。
（　　　）

15.根据《会计法》规定，各单位应当根据会计业务的需要设置会计机构，或者在有关机构中设置会计人员并指定会计主管人员，但不具备设置会计机构或会计人员条件的单位应当委托经批准设立从事代理记账业务的中介机构代理记账。
（　　　）

16.单位负责人必须保证对外提供的财务会计报告的真实、完整。　　　（　　）

17.会计职业道德是依靠社会舆论、道德教育、传统习俗和道德评价来实现的。

（　　）

18.会计职业道德中廉洁自律的要求是会计人员清正廉洁、遵纪守法、公私分明、不弄虚作假。　　　（　　）

19.原始凭证是登记会计账簿的直接依据。　　　（　　）

20.实事求是、不偏不倚是体现会计职业道德规范的"诚实守信"原则的要求。

（　　）

案例分析训练

【业务案例11-1】振光有限责任公司是一家中外合资经营企业，2018年度发生的事项如下：

（1）公司收到一张应由公司与乙公司共同负担费用支出的原始凭证，公司会计人员张某以该原始凭证及应承担的费用进行账务处理，并保存该原始凭证；同时，应乙公司的要求将该原始凭证复印件提供给乙公司用于账务处理。

（2）3月5日，公司会计科一名档案管理人员生病临时交接工作，胡某委托单位出纳员李某临时保管会计档案。

（3）6月30日，公司有一批保管期满的会计档案，按规定需要进行销毁。公司档案管理部门编制了会计档案销毁清册，档案管理部门的负责人在会计档案销毁清册上签字，并于当天销毁。

要求：根据上述材料，分析回答下列问题。

1.根据事项（1），一张原始凭证所列支出需由两个以上单位共同负担时，下列做法正确的是（　　）。

A.由保存该原始凭证的单位开具原始凭证分割单给其他应负担单位

B.在记账时加以注明即可

C.由双方共同加以说明即可

D.由保存该原始凭证的单位出具复印件给其他应分割单位

2.根据事项（2），下列表述正确的有（　　）。

A.会计科档案管理人员，是会计工作岗位

B.会计科档案管理人员，不是会计工作岗位

C.出纳员可以临时保管会计档案

D.出纳员不能临时保管会计档案

3.出纳员不得兼管（　　）账目的登记工作。

A.稽核　　　　　　　B.收入　　　　　　　C.费用　　　　　　　D.会计档案保管

4.一般的会计工作人员交接，由（　　）负责监交。

A.单位负责人　　　　　　　　　　　B.总会计师

C.会计机构负责人　　　　　　　　　D.会计主管人员

5.根据事项（3），下列关于会计档案销毁的表述中，正确的有（　　）。

A.公司档案部门销毁会计档案的做法不符合规定

B.会计档案保管期满需要销毁的，要由本单位档案部门提出意见

C.应编制会计档案销毁清单，并经单位负责人在会计档案销毁清册上签字

D.销毁时要由单位档案部门和会计部门共同派人监销

【业务案例11-2】北京A公司2018年度发生的事项如下：

（1）1月，刚刚通过考试取得会计从业资格证书的李强，被公司从办公室调到财务科担任出纳，公司原出纳张友调到销售科。李强与张友在办理会计工作交接手续时，因会计科长在外地出差，遂指定财务科一名会计负责监交工作。在办理交接中，李强发现存在"白条抵库"问题，遂电话向会计科长汇报，会计科长指示李强先办理完交接手续，并责成李强接管出纳工作后，再对"白条抵库"问题逐个查清处理。随后，李强、张友及监交人在移交清册上签字并盖章。

（2）4月，李强在办理报销工作中，发现采购科送来报销的3张由购货方开具的发票有更改现象，其中2张发票分别更改了数量和用途，另外1张发票更改了金额；该3张发票的更改处均盖有A公司采购科的业务印章。尽管李强开始犹豫一下，但考虑到3张发票已经公司总经理、财务科长签字同意，最后均予以报销。

（3）7月，公司财务科团支部组织一次财务工作务虚会，在会上李强说："《会计法》规定了公司领导对单位会计信息的真实性负责，作为一般会计人员应该服从领导的安排，领导让干啥就干啥，公司的一些业务也没有必要去问个明白，领导签字同意就给报销，只要两袖清风、不贪不占，就能把会计工作做好"。

（4）12月，公司在进行内部审计时，发现公司原出纳张友在经办出纳工作期间的有关账目存在一些问题，而接替者李强在交接时并未发现。审计人员在了解情况时，原出纳张友说："已经办理了会计交接手续，自己不再承担任何责任"。

要求：根据会计法律制度的有关规定，分析回答下列问题。

1.下列关于李强与张友办理会计工作交接的说法中，正确的是（　　）。

A.监交人不符合规定，制度规定一般会计人员办理交接手续，由会计机构负责人（会计主管人员）监交

B.监交人符合规定

C.对交接中发现的"白条抵库"问题处理正确

D.对交接中发现的"白条抵库"问题处理不正确

2.李强对3张更改的发票予以报销的做法，按照相关规定处理的是（　　）。

A.原始凭证开具单位应当依法开具准确无误的原始凭证，对于填制有误的原始凭证，负有更正和重新开具的法律义务，不得拒绝

B.原始凭证金额出现错误的不得更正，只能由原始凭证开具单位重新开具

C.原始凭证金额出现错误的可以更正，但是要加盖签章

D.原始凭证单价、数量、用途变更，可以更正

3.原出纳张友关于"已经办理了会计交接手续，自己不再承担任何责任"的说法，下列表述正确的是（　　）。

A.张友的说法正确，既然已经办理了移交，自己不再承担责任

B.张友的说法不正确，交接前出现的问题仍由原移交人员负责

C.移交人员不得以会计资料已经移交为由推脱责任

D.移交人员应该对会计资料在其经办工作期间内的合法性、真实性承担法律责任

4.应该在移交清册上签章的是（　　）。

A.移交人员　　　　　B.接管人员　　　　　C.单位负责人　　D.监交人

5.下列关于资料（3）的表述中，正确的是（　　）。

A.公司领导对单位会计信息的真实性负责

B.作为一般会计人员应该服从领导的安排，领导让干啥就干啥

C.公司的一些业务也没有必要去问个明白

D.两袖清风，不贪不占

认识支付结算法律制度

学习指导

支付体系是一国社会经济发展最核心的金融基础设施之一。随着经济市场化、货币化、信息化进程的加快，我国支付体系经历了巨大的变化。中国人民银行发布通知，全面加强账户实名制管理、银行卡业务管理和转账管理。自 2016 年 12 月 1 日起，个人通过自助柜员机转账的，在发卡行受理后 24 小时内，可向发卡行申请撤销转账。自 2016 年 12 月 1 日起，银行业金融机构为个人开立银行结算账户的，同一个人在同一家银行只能开立一个 I 类户；已开立 I 类户，再新开户的，应当开立 II 类户或 III 类户。

本项目基本结构框架

本项目基本结构框架，如图 12-1 所示。

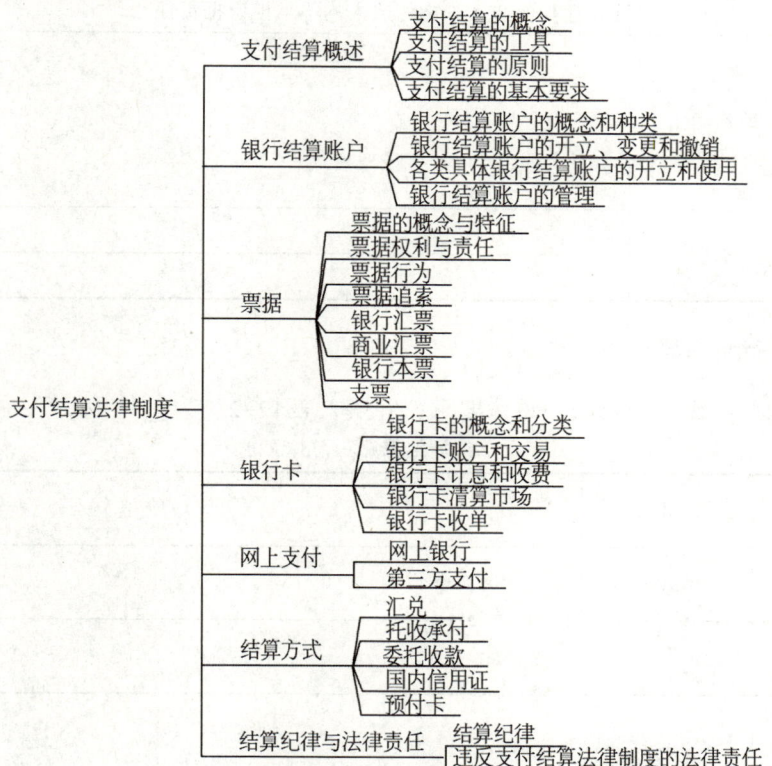

图 12-1　本项目基本结构框架图

本项目重难点与业务处理总结

一、支付结算重难点

请归纳总结支付结算相关规定，并填入表12-1。

表12-1 支付结算相关规定

概念		转账结算（不包括使用现金）
特征		
基本原则		
办理支付结算的具体要求	区别伪造、变造	伪造：无权限人更改"签章"
		变造：无权限人更改"签章以外"的记载事项
		【注意】伪造人、被伪造人均不承担票据责任
	填写要求	
	更正	

二、银行结算账户重难点

请归纳总结银行结算账户总体要求，并填入表12-2。

表12-2 银行结算账户总体要求

开立	核准制	
	生效日	
变更		
撤销		

基本户	使用范围	
	开户资格	
一般户	使用范围	
专用户	使用规定	
预算单位 零余额户	使用规定	
临时户	证明文件	
	使用规定	

【注意】重点关注是否可以存取现金

罚则	非经营性	罚款：1 000元
	经营性	变更违规：1 000元；开立撤销违规及伪造变造开户登记证：1万元至3万元；使用违规：5 000元至3万元

三、票据重难点

1.票据的一般规定

请归纳总结票据的相关知识，并填入表12-3。

表 12-3　　　　　　　　　　　　票据的一般规定

当事人	基本当事人：	
	非基本当事人：	
	【注意1】结合具体票据理解； 【注意2】当事人的双重身份，如汇票付款人在承兑后为承兑人	
票据权利	付款请求权	
	追索权	
	取得票据权利	
	失票救济	
	权利的时效	

票据行为	出票	记载事项	
		签章	
	背书	种类	
		记载事项	
		粘单	
		背书连续	
		附条件	
		部分背书	
		限制背书	
		期后背书	
		【注意】"条件、部分、限制、期后"，统称不得进行的背书	
	承兑	适用范围	
		提示承兑	
		受理	
		附条件	
	保证	记载事项	
		保证责任	
		附条件	
		保证效力	
追索		被追索人	
		追索内容	

2.汇票、本票和支票的相关知识

请归纳总结汇票、本票和支票的相关知识，并填入表12-4。

表12-4　　　　　　　　　　　汇票、本票和支票的相关知识

银行汇票	出票	
	实际结算金额	
	提示付款	

商业汇票	出票		
	付款	付款期限	
		提示付款期限	
		持票人未按规定期限提示付款，在作出说明后，承兑人或者付款人仍应当继续对持票人承担付款责任	
	贴现	计算	
		其他	贴现到期不获付款，贴现银行可从贴现申请人的存款账户直接收取票款
本票	出票		
	付款		
支票	出票	授权补记事项：	
		签发要求：	
		罚则：	
	付款		

四、银行卡重难点

请归纳总结银行卡的相关知识，并填入表 12-5。

表 12-5 银行卡的相关知识

项目		分类	
分类标准	是否可以透支	按是否向发卡银行交存备用金	
	信息载体		
	使用对象		
	币种		
信用卡特征			
贷记卡特征			
单位人民币卡特征			

五、结算方式和其他支付工具重难点

1.结算方式

请归纳总结结算方式的相关知识，并填入表 12-6。

表 12-6 结算方式的相关知识

汇兑	范围	
	汇款回单	
	收账通知	
	撤汇	
	退汇	

托收承付	适用范围	主体限制	
		内容限制	
		金额限制	
	使用规定	托收	
		承付	
	停办托收	收款人	
		付款人	
国内信用证	特点		
	适用范围		
	程序		
委托收款	单位、个人、同城、异地均可使用		

2.预付卡

请归纳总结预付卡的相关知识，并填入表12-7。

表 12-7　　　　　　　　　预付卡的相关知识

	记名卡	不记名卡
区分标准		
单张限额		
挂失		
赎回		
有效期		
提供身份证		
使用信用卡购买及充值		

续表

	记名卡	不记名卡
转账购买	单位：	
	个人：	
转账充值		
使用规定		
发卡机构的资金管理		

同步训练

基础知识训练

一、单项选择题

1.（2017年）根据支付结算法律制度的规定，下列关于信用卡透支利率及利息管理的表述中，不正确的是（　　）。

A.透支的计结方式由发卡机构自主确定

B.透支的利率标准由发卡机构与申请人协商确定

C.透支利率实行下限管理

D.透支利率实行上限管理

2.（2017年）根据支付结算法律制度的规定，下列关于银行结算账户管理的表述中，不正确的是（　　）。

A.存款人可以出借银行结算账户　　　　B.存款人应当以实名开立银行结算账户

C.存款人不得利用银行结算账户洗钱　　D.存款人不得出租银行结算账户

3.（2017年）根据支付结算法律制度的规定，电子承兑汇票的付款期限自出票日至到期日不能超过一定期限，该期限为（　　）。

A.2年　　　　　　　　B.3个月　　　　　　C.6个月　　　　　　D.1年

4.（2017年）根据支付结算法律制度的规定，下列关于预付卡使用的表述中，正确的是（　　）。

A.可在发卡机构签约的特约商户中使用　　B.可向银行账户转移卡内资金

C.可用于提取现金　　　　　　　　　　　D.可用于购买非本发卡机构发行的预付卡

5.（2017年）根据支付结算法律制度的规定，下列关于个人银行结算账户管理的表述中，不正确的是（　　）。

A.银行可以通过Ⅱ类银行账户为存款人提供单笔无限额的存取现金服务

B.银行可以通过Ⅲ类银行账户为存款人提供限定金额的消费和缴费支付服务

C.银行可以通过Ⅰ类银行账户为存款人提供购买投资理财产品服务

D.银行可以通过Ⅱ类银行账户为存款人提供购买投资理财产品服务

6.（2017年）根据支付结算法律制度的规定，下列关于银行本票使用的表述中，不正确的是（　　　）。

　　A.银行本票的出票人在持票人提示见票时，必须承担付款的责任

　　B.注明"现金"字样的银行本票可以用于支取现金

　　C.银行本票只限于单位使用，个人不得使用

　　D.收款人可以将银行本票背书转让给被背书人

7.（2017年）根据支付结算法律制度的规定，下列关于票据追索权行使的表述中，正确的是（　　　）。

　　A.持票人不得在票据到期前追索

　　B.持票人应当向票据的出票人、背书人、承兑人和保证人同时追索

　　C.持票人在行使追索权时，应当提供被拒绝承兑或拒绝付款的有关证明

　　D.持票人应当按照票据的承兑人、背书人、保证人和出票人的顺序行使追索权

8.（2017年）2016年12月13日，乙公司持一张汇票向承兑银行P银行提示付款，该汇票出票人为甲公司，金额为100万元，到期日为2016年12月12日。经核实，甲公司当日在P银行的存款账户余额为10万元。下列关于P银行对该汇票处理措施的表述中，符合法律规定的是（　　　）。

　　A.P银行待甲公司票款足额到账后向乙公司付款100万元

　　B.P银行当日向乙公司付款100万元

　　C.P银行向乙公司出具拒绝付款证明，不予付款

　　D.P银行当日向乙公司付款10万元

9.（2017年）根据支付结算法律制度的规定，下列关于预付卡的表述中，正确的是（　　　）。

　　A.记名预付卡的有效期最长为3年

　　B.单张记名预付卡的资金限额不得超过1 000元

　　C.购卡人可以使用信用卡购买预付卡

　　D.预付卡以人民币计价，不具有透支功能

10.（2017年）根据支付结算法律制度的规定，下列关于结算纪律的表述中，正确的是（　　　）。

　　A.银行办理支付结算，不得以任何理由压票

　　B.单位和个人办理支付结算，不得以任何理由拒绝付款

　　C.银行办理支付结算，可以在支付结算制度之外附加条件

　　D.单位和个人办理支付结算，可以签发无资金保证的票据

11.（2017年）根据支付结算法律制度的规定，下列关于信用卡计息和收费的表述中，正确的是（　　　）。

　　A.发卡机构向信用卡持卡人按约定收取的违约金，不计收利息

　　B.发卡机构向信用卡持卡人提供超过授信额度用卡的，应收取超限费

　　C.发卡机构向信用卡持卡人收取的取现手续费，计收利息

　　D.发卡机构向信用卡持卡人收取的年费，计收利息

12.（2017年）根据支付结算法律制度的规定，下列关于基本存款账户的表述中，不正确的是（　　　）。

A.基本存款账户可以办理现金支取业务

B.一个单位只能开立一个基本存款账户

C.单位设立的独立核算的附属机构不得开立基本存款账户

D.基本存款账户是存款人的主办账户

13.（2017年）根据支付结算法律制度的规定，下列关于票据背书效力的表述中，不正确的是（　　）。

A.背书人在票据上记载"不得转让"字样，其后手再背书转让的，原背书人对后手的被背书人不承担保证责任

B.背书附有条件的，所附条件不具有票据上的效力

C.背书人背书转让票据后，即承担保证其后手所持票据承兑和付款的责任

D.背书未记载日期的，属于无效背书

14.（2016年）消费者在超市购物，消费总金额500元，通过支付宝扫码方式使用中信银行信用卡结账。根据支付结算法律制度的规定，下列说法正确的是（　　）。

A.支付宝属于银行卡清算机构　　　　　B.支付宝属于第三方支付机构

C.支付宝属于网上银行　　　　　　　　D.消费者应支付收单结算手续费1.9元

15.（2016年）甲公司向乙公司签发金额为200 000元的支票用于支付货款，乙公司按期提示付款时被告知甲公司在付款人处实有的存款金额仅为100 000元，乙公司有权要求甲公司支付的赔偿金是（　　）元。

A.100 000×5%　　　　B.100 000×2%　　　　C.200 000×5%　　　D.200 000×2%

16.（2016年）某电影制作企业临时到外地拍摄，其在外地设立的摄制组可以开立的账户为（　　）。

A.专用存款账户　　　　B.基本存款账户　　　　C.一般存款账户　　D.临时存款账户

17.（2015年）甲公司因结算需要向P银行申请开立基本存款账户，甲公司使用该账户办理付款业务的起始时间是（　　）。

A.正式开立该账户之日起5个工作日后　　B.中国人民银行当地分支行核准之日起

C.P银行为甲公司办理开户手续之日起　　D.正式开立该账户之日起3个工作日后

18.（2015年）根据支付结算法律制度的规定，下列关于单位人民币卡账户使用的表述中，正确的是（　　）。

A.可支取现金　　　　　　　　　　　　B.可转存销货收入

C.可办理商品交易和劳务供应款项的结算　D.可存入现金

19.（2014年）根据支付结算法律制度的规定，下列以汇兑方式结算的款项中，汇款人可以申请撤销的是（　　）。

A.汇出银行已经汇出的款项　　　　　　B.汇入银行已发出收账通知的款项

C.收款人拒绝接受的款项　　　　　　　D.汇出银行尚未汇出的款项

20.（2014年）某票据的出票日期为"2013年7月15日"，其规范写法是（　　）。

A.贰零壹叁年零柒月壹拾伍日　　　　　B.贰零壹叁年柒月壹拾伍日

C.贰零壹叁年零柒月拾伍日　　　　　　D.贰零壹叁年柒月拾伍日

二、多项选择题

1.（2017年）根据支付结算法律制度的规定，下列关于委托收款结算方式的表述中，正确的有（　　　）。

A.以银行以外的单位为付款人的，委托收款凭证必须记载付款人开户银行名称

B.银行在为单位办理划款时，付款人存款账户不足支付的，应通知付款人交足存款

C.单位凭已承兑的商业汇票办理款项结算，可以使用委托收款结算方式

D.委托收款仅限于异地使用

2.（2017年）根据支付结算法律制度的规定，下列各项中，属于商业汇票持票人向银行办理贴现必须具备的条件有（　　　）。

A.票据未到期

B.持票人与出票人或者直接前手之间具有真实的商品交易关系

C.持票人是在银行开立有存款账户的企业法人或者其他组织

D.票据未记载"不得转让"事项

3.（2017年）根据支付结算法律制度的规定，下列各项中，属于票据行为的有（　　　）。

A.背书　　　　　　　　B.付款　　　　　　　　C.承兑　　　　　　　　D.出票

4.（2017年）下列主体中，应当向持票人承担票据责任的有（　　　）。

A.空头支票出票人的开户行Q银行　　　　B.不获承兑的汇票出票人乙公司

C.签发银行本票的P银行　　　　　　　　D.对汇票予以承兑的甲公司

5.（2017年）徐女士在P银行申请办理一张信用卡，下列关于该信用卡计息和收费的表述中，符合法律规定的有（　　　）。

A.若徐女士欠缴信用卡年费，P银行可对该欠费计收利息

B.P银行应在信用卡协议中以显著方式提示信用卡利率标准和计结息方式，并经徐女士确认接受

C.P银行确定的信用卡透支利率可为日利率万分之五

D.若P银行要调整信用卡利率，应至少提前45个自然日按照约定方式通知徐女士

6.（2017年）根据支付结算法律制度的规定，下列关于单位存款人申请变更预留银行的单位财务专用章的表述中，正确的有（　　　）。

A.需提供原预留的单位财务专用章

B.需提供单位书面申请

C.需重新开立单位存款账户

D.可由法定代表人直接办理，也可授权他人办理

7.（2017年）根据支付结算法律制度的规定，下列关于票据追索权行使的表述中，正确的有（　　　）。

A.持票人收到拒绝证明后，应当将被拒绝事由书面通知其前手

B.汇票被拒绝承兑的，持票人可以行使追索权

C.持票人可以对出票人、背书人、承兑人和保证人中的任何一人、数人或全体行使追索权

D.持票人不能出示拒绝证明或退票理由书的，丧失对全部票据债务人的追索权

8.（2016年）王某一次性购买6万元的预付卡，下列支付方式中，王某不得使用的

有（　　）。

　　A.转账支票　　　　　B.现金　　　　　　　C.信用卡　　　　　D.借记卡

　　9.（2016年）根据支付结算法律制度的规定，下列各项中，属于银行本票必须记载事项的有（　　）。

　　A.出票人签章　　　　B.出票日期　　　　　C.收款人名称　　　D.确定的金额

　　10.（2016年）根据支付结算法律制度的规定，下列各项中，票据持票人行使首次追索权时，可以请求被追索人支付的金额和费用有（　　）。

　　A.因汇票资金到位不及时，给持票人造成的税收滞纳金损失

　　B.取得有关拒绝证明和发出通知书的费用

　　C.票据金额自到期日或者提示付款日起至清偿日止，按规定的利率计算的利息

　　D.被拒绝付款的票据金额

　　11.（2016年）根据支付结算法律制度的规定，持票人丧失票据后，可以采取的补救形式有（　　）。

　　A.民事仲裁　　　　　B.挂失止付　　　　　C.公示催告　　　　D.普通诉讼

　　12.（2015年）根据支付结算法律制度的规定，下列各项中，属于单位、个人在社会经济活动中使用的人民币非现金支付工具的有（　　）。

　　A.本票　　　　　　　B.汇票　　　　　　　C.股票　　　　　　D.支票

　　13.（2015年）根据支付结算法律制度的规定，下列各项中，属于银行办理支付结算必须遵守的结算纪律的有（　　）。

　　A.不准违反规定为单位和个人开立账户

　　B.不准签发空头银行汇票、银行本票和办理空头汇款

　　C.不准签发没有资金保证的票据，套取银行信用

　　D.不准无理拒付，不扣少扣滞纳金

　　14.（2015年）根据支付结算法律制度的规定，下列关于填写票据的表述中，正确的有（　　）。

　　A.金额以中文大写和阿拉伯数码同时记载，二者必须一致

　　B.收款人名称不得记载规范化简称

　　C.收款人名称填写错误时由原记载人更改，并在更改处签章证明

　　D.出票日期必须使用中文大写

　　15.（2015年）根据支付结算法律制度的规定，下列账户中，可以支取现金的有（　　）。

　　A.基本存款账户　　　B.一般存款账户　　　C.临时存款账户　　D.单位人民币卡

　　16.（2015年）根据支付结算法律制度的规定，下列资金中，可以转入个人人民币卡账户的有（　　）。

　　A.个人合法的劳务报酬　　　　　　　　　　B.个人合法的投资回报

　　C.工资性款项　　　　　　　　　　　　　　D.单位的款项

　　17.（2015年）根据支付结算法律制度的规定，下列各项中，属于发卡银行追偿透支款项和诈骗款项途径的有（　　）。

　　A.向保证人追索透支款项　　　　　　　　　B.依法处理抵押物和质物

　　C.通过司法机关的诉讼程序进行追偿　　　　D.冻结持卡人银行账户

18.（2015年）根据支付结算法律制度的规定，下列票据丢失后，可以挂失止付的有（　　　）。

　　A.未承兑的商业汇票　　　　　　　B.转账支票

　　C.现金支票　　　　　　　　　　　D.填明"现金"字样的银行本票

19.（2015年）根据支付结算法律制度的规定，下列关于票据保证责任的表述中，正确的有（　　　）。

　　A.保证人与被保证人对持票人承担连带责任

　　B.保证附有条件的，影响对票据的保证责任

　　C.票据到期后得不到付款的，持票人向保证人请求付款，保证人应当足额付款

　　D.保证人为两人以上的，保证人之间承担连带责任

20.（2014年）根据支付结算法律制度的规定，下列各项中，属于变造票据行为的有（　　　）。

　　A.涂改出票金额

　　B.假冒他人在票据上签章

　　C.原记载人更改付款人名称并在更改处签章证明

　　D.剪接票据非法改变票据记载事项

三、判断题

1.（2017年）付款人账户内资金不足的，银行应当为付款人垫付资金。（　　　）

2.（2017年）汇出银行向汇款人签发的汇款回单是银行将款项确已转入收款人账户的凭据。（　　　）

3.（2017年）甲公司向开户银行P银行申请签发的本票超过提示付款期限后，甲公司申请退款，P银行只能将款项转入甲公司的账户，不能退付现金。（　　　）

4.（2017年）因借款转存开立的一般存款账户，自开立之日起3个工作日后方可办理付款业务。（　　　）

5.（2017年）个人可以通过开立的I类银行账户存取现金。（　　　）

6.（2016年）委托收款以单位为付款人的，银行收到委托收款凭证及债务证明，审查无误后应于当日将款项主动支付给收款人。（　　　）

7.（2016年）信用证申请人交存的保证金和其存款账户余额不足支付的，开证行仍应在规定的付款时间内进行付款。（　　　）

8.（2015年）银行是办理支付结算业务的中介机构，应按照付款人的委托，将资金支付给付款人指定的收款人，或者按照收款人的委托，将归收款人所有的资金转账收入到收款人的账户中。（　　　）

9.（2015年）银行结算账户的存款人收到银行对账单或对账信息后，应及时核对账务并在规定期限内向银行发出对账回单或确认信息。（　　　）

10.（2015年）银行本票由银行出票，向出票银行提示付款。（　　　）

11.（2014年改）预付卡以人民币计价，不具有透支功能。（　　　）.

12.（2014年）申请人缺少解讫通知要求退款的，出票银行应于银行汇票提示付款期满1个月后办理。（　　　）

13.（2014年）普通支票既可以转账，又可以取现。   （　　）

14.（2013年）银行承兑汇票的出票人于汇票到期日未能足额交存票款的，承兑银行可以向持票人拒绝付款。   （　　）

15.（2012年）撤销银行结算账户时，应先撤销基本存款账户，然后再撤销一般存款账户、专用存款账户和临时存款账户。   （　　）

16.（2011年改）对信用卡透支利率实行上限和下限管理，透支利率上限为日利率万分之五，透支利率下限为日利率万分之五的0.7倍。   （　　）

17.（2010年）国内信用证结算方式只适用于转账结算的，不得支取现金。   （　　）

18.（2009年）甲公司收到乙公司签发的一张支票，该支票记载了"不得转让"字样。该记载事项不影响甲公司将该支票背书转让。   （　　）

19.国家机关以及以公益为目的的事业单位、社会团体、企业法人的分支机构和职能部门作为票据保证人的，票据保证无效。   （　　）

20.发卡机构向收单机构收取的发卡行服务费，实行政府指导价、上限管理。其中，借记卡费率水平为不超过交易金额的0.45%，单笔收费金额不超过13元。   （　　）

案例分析训练

【业务案例12-1】（2017年）甲公司的开户银行为P银行，2016年4月1日，甲公司委派员工张某携带一张公司签发的出票日期为2016年4月1日、金额和收款人名称均空白的转账支票赴乙公司洽谈业务，为支付货款，张某在支票上填写金额15万元后交付乙公司。当日，为偿还所欠丙公司劳务费，乙公司将支票背书转让给丙公司，在背书栏内记载"不得转让"字样，未记载背书日期。丙公司持票到P银行提示付款，被拒绝支付。丙公司拟行使追索权以实现票据权利。

要求：根据上述材料，不考虑其他因素，分析回答下列问题。

1.下列关于甲公司签发支票行为的效力及票据当事人的表述中，符合法律规定的是（　　）。

A.甲公司是支票的保证人

B.因出票时未记载确定的金额，支票无效

C.P银行是支票的付款人

D.因出票时未记载收款人姓名，支票无效

2.下列关于乙公司将支票背书转让给丙公司行为效力的表述中，符合法律规定的是（　　）。

A.未记载背书日期，背书无效

B.背书附不得转让的条件，背书无效

C.未记载背书日期，视为在支票到期日前背书

D.丙公司再背书转让该支票，乙公司对丙公司的被背书人不承担保证责任

3.下列关于丙公司提示付款的表述中，符合法律规定的是（　　）。

A.丙公司可以委托开户银行向P银行提示付款

B.支票无效，丙公司无权提示付款

C.丙公司提示付款期限为2016年4月2日起10日

D.丙公司提示付款期限为 2016 年 4 月 1 日起 10 日

4.下列关于丙公司行使票据追索权的表述中，不符合法律规定的是（　　　）。

A.丙公司不享有票据追索权

B.丙公司可以同时对甲公司和乙公司行使票据追索权

C.丙公司应按照先乙公司后甲公司的顺序行使追索权

D.丙公司只能对乙公司或甲公司其中之一行使追索权

【业务案例 12-2】（2017 年）甲公司于 2013 年 1 月 7 日成立，王某为法定代表人。2013 年 1 月 10 日，甲公司因办理日常结算需要，在 P 银行开立基本存款账户。2015 年 2 月 10 日，甲公司因资金需求，在 Q 银行借款 300 万元，开立一般存款账户。2016 年 5 月 19 日，甲公司因被吊销营业执照而撤销其基本存款账户。

已知甲公司只有上述两个银行结算账户。

要求：根据上述资料，不考虑其他因素，分析回答下列问题。

1.甲公司在 P 银行开立基本存款账户应出具的证明文件是（　　　）。

A.企业法人营业执照正本　　　　　　B.财政部门同意其开户的证明

C.甲公司章程　　　　　　　　　　　D.政府主管部门的批文

2.甲公司在 P 银行预留的签章可以是（　　　）。

A.甲公司发票专用章加王某的签名　　　B.甲公司财务专用章加王某的个人名章

C.甲公司合同专用章加王某的个人名章　　D.甲公司单位公章加王某的签名

3.甲公司在 Q 银行开立的一般存款账户可以办理的业务是（　　　）。

A.缴存现金 5 万元　　　　　　　　　B.归还借款 100 万元

C.转存借款 300 万元　　　　　　　　D.支取现金 10 万元

4.下列关于甲公司撤销其基本存款账户的表述中，符合法律规定的是（　　　）。

A.应清偿在 Q 银行的债务，并将在 Q 银行的账户资金转入基本存款账户

B.应与 P 银行核对该基本存款账户存款余额

C.应先撤销在 Q 银行开立的一般存款账户

D.应将各种重要空白票据、结算凭证和开户许可证文件交回银行

项目 13

解读劳动合同法与社会保险法

学习指导

本项目包括两部法律：劳动合同法和社会保险法。劳动合同法律制度，包括劳动合同的全过程：订立→内容→履行和变更→解除和终止→集体合同与劳务派遣→劳动争议的解决。社会保险法律制度，包括四险：种类→计算缴纳→享受的待遇→登记与征缴。

本项目基本结构框架

本项目基本结构框架，如图 13-1 所示。

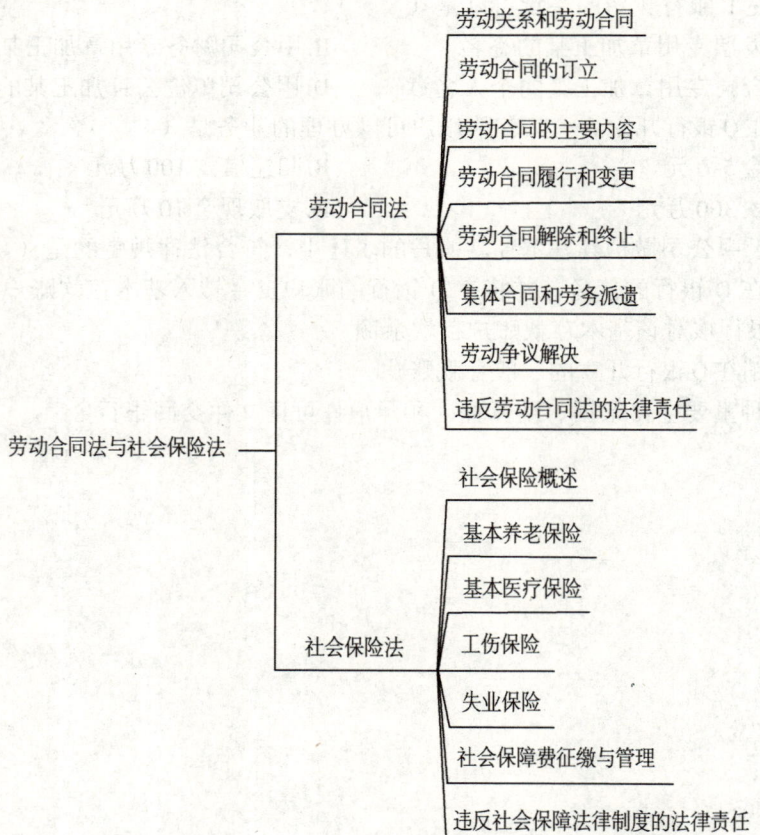

图 13-1　本项目基本结构框架图

本项目重难点与业务处理总结

一、劳动合同法律制度重难点

1.劳动关系的建立

（1）用人单位自"用工"之日起即与劳动者建立劳动关系。

（2）用人单位与劳动者在用工之前订立劳动合同的，劳动关系自"用工"之日起建立。

【解释】不论是先签订劳动合同后用工，还是先用工后签订劳动合同，劳动关系均自"用工"（而非劳动合同订立）之日起建立。

2.用人单位的义务和责任

（1）用人单位招用劳动者，不得扣押劳动者的居民身份证和其他证件，不得要求劳动者提供担保或者以其他名义向劳动者收取财物。

（2）用人单位违反规定，以担保或者其他名义向劳动者收取财物的，由劳动行政部门责令限期退还劳动者本人，并以每人500元以上2 000元以下的标准处以罚款；给劳动者造成损害的，应当承担赔偿责任。

3.劳动合同的订立

请归纳总结劳动合同订立规定，并填入表13-1。

表13-1　　　　　　　　　　　　　劳动合同订立规定

项目		具体要求
订立主体	劳动者	
	用人单位	
建立关系时间计算		
签订合同	形式	
	订立时间	
	不签的后果	
	非全日制用工规定	
合同效力	生效要求	
	无效条件	前提
		法定情形
		后果

4.劳动合同的必备条款和约定条款

请归纳总结劳动合同的必备条款和约定条款，并分别填入表13-2和表13-3。

表13-2　　　　　　　　　　劳动合同的必备条款

必备条款	具体规定	
无固定期限合同的情形		
带薪年休假享受期限	满1年不满10年	
	满10年不满20年	
	满20年	
	不享受带薪年休假情形	
特殊情况的工资支付	部分人放假节日	
	平时加班	
	周末加班	
	法定休假日加班	
	不支付加班费的罚则	
	扣工资规定	

表13-3　　　　　　　　　　劳动合同的约定条款

约定条款	具体规定	
试用期	以完成一定工作任务为期限	
	不满3个月	
	3个月以上，不满1年	
	1年以上，不满3年	
	3年以上固定期限	
	无固定期限	
	试用期工资	
服务期	服务期的约定内容	
	违反服务期的规定	
保密协议及竞业限制	约定期限	
	无效的条件	
	失效的条件	

5.劳动合同的履行

（1）用人单位变更名称、法定代表人、主要负责人或者投资人等事项，不影响劳动合同的履行。

（2）用人单位发生合并或者分立等情况，原劳动合同继续有效，劳动合同由承继其权利和义务的用人单位继续履行。

（3）变更劳动合同未采用书面形式，但已经实际履行口头变更劳动合同超过"1个月"，且变更后的劳动合同内容不违反法律、行政法规、国家政策以及公序良俗，当事人以未采用书面形式为由主张劳动合同变更无效的，人民法院不予支持。

6.劳动合同的解除和终止

请归纳总结劳动合同解除和终止的相关规定，并填入表13-4。

表 13-4　　　　　　　　　　　　劳动合同的解除和终止

项目		具体规定
法定解除	劳动者	提前通知解除
		随时通知解除
		无须通知即可解除
	单位	提前通知解除
		随时通知解除
		经济性裁员
终止条件		
不得解除合同情形		
补偿金	法定情形规定	
	补偿年限计算	
	补偿基数	
劳动合同解除和终止的法律后果		

7.集体合同与劳务派遣

请归纳总结集体合同与劳务派遣的相关规定，并填入表13-5。

表 13-5　　　　　　　　　　　　集体合同与劳务派遣

项目		具体规定
集体合同	订立主体	
	生效要件	
	争议解决方式	

项目		具体规定
劳务派遣	派遣（用人、输出）单位的要求	
	用工（输入）单位的要求	
	劳动者权利	

8.劳动仲裁

请归纳总结劳动仲裁的相关规定，并填入表13-6。

表13-6　　　　　　　　　　　　劳动仲裁

项目		具体规定
劳动仲裁基本规定		
参加人	当事人	
	当事人代表	
	代理人	
	第三人	
管辖权	地域管辖权规定	
	两地申请	
申请	时效	
	方式	
开庭规定		
裁决	终局裁决	
	生效	

二、社会保险法律制度重难点

1.基本养老保险

请归纳总结基本养老保险相关规定，并填入表13-7。

表 13-7　　　　　　　　　　　　　基本养老保险相关规定

项目			具体规定		
类型	职工基本养老保险		适用范围：		
	城乡居民基本社会养老保险		适用范围：		
经费组成	单位缴费部分				
	个人缴费部分				
	政府补贴部分				
缴费	单位缴费比例				
	个人缴费比例				
享受条件	年龄条件	一般情况		男	
				女	
				女干部	
		从事"井下、高温、高空、特别繁重体力劳动或其他有害身体健康工作"		男	
				女	
		因"病或非因工致残"，"医院证明并经劳动鉴定委员会确认完全丧失劳动能力"		男	
				女	
	缴费年限				

2.基本医疗保险

请归纳总结基本医疗保险相关规定，并填入表13-8。

表 13-8　　　　　　　　　　　　基本医疗保险相关规定

项目		具体规定
类型		
缴费	单位缴费比例	
	个人缴费比例	
享受条件		
支付标准	支付区间	
	支付比例	
不支付的医疗费用规定		

续表

项目		具体规定	
医疗期	累计计算期	累计工作年限不满10年	
		累计工作年限10年以上	
	医疗期待遇		

3.工伤保险

请归纳总结工伤保险相关规定，并填入表13-9。

表13-9　　　　　　　　　　　　工伤保险相关规定

项目		具体规定
缴费规定		
工伤认定	应当认定	
	视同工伤	
	不认定	
停工留薪期待遇		
劳动合同的解除		

4.失业保险

请归纳总结失业保险相关规定，并填入表13-10。

表13-10　　　　　　　　　　　　失业保险相关规定

项目		具体规定	
缴费比例	单位：		个人：
享受条件			
领取期限	缴费年限规定		
	标准		
停止领取			

5.违法责任

请归纳总结用人单位违反社会保险规定要承担的违约责任，并填入表13-11。

表 13-11　　　　　　　　　　　　　　违法责任

项目		违约责任
用人单位	不登记	
	不缴费	
	不解除劳动关系证明	
骗保		

同步训练

基础知识训练

一、单项选择题

1.（2016 年）下列用人单位招用劳动者的情形中，符合法律规定的是（　　）。

A.丙超市与刚满 15 周岁的初中毕业生赵某签订劳动合同

B.乙公司以只招男性为由拒绝录用应聘者李女士从事会计工作

C.甲公司设立的分公司已领取营业执照，该分公司与张某订立劳动合同

D.丁公司要求王某提供 2 000 元保证金后才与其订立劳动合同

2.（2016 年）2015 年 6 月 5 日，张某到甲公司工作。6 月 8 日，甲公司与张某签订劳动合同，约定合同期限自 2015 年 6 月 9 日起至 2017 年 6 月 8 日止，每月 20 日发放工资。甲公司与张某劳动关系建立的时间为（　　）。

A.2015 年 6 月 9 日　　　　　　　　　　B.2015 年 6 月 20 日

C.2015 年 6 月 8 日　　　　　　　　　　D.2015 年 6 月 5 日

3.（2017 年）2010 年 4 月 1 日，张某到甲公司工作。2016 年 8 月 1 日，双方的劳动合同期满，甲公司不再与张某续签，已知劳动合同终止前 12 个月，张某月平均工资 5 000 元，甲公司所在地职工月平均工资 4 500 元。下列计算劳动合同终止后甲公司应向张某支付经济补偿的公式中，正确的是（　　）。

A.4 500×6=27 000（元）　　　　　　　B.4 500×7=31 500（元）

C.5 000×5.5=27 500（元）　　　　　　D.5 000×6.5=32 500（元）

4.（2016 年）2013 年 7 月 2 日，贾某初次就业即到甲公司工作。2015 年 9 月 28 日，贾某向公司提出当年年休假申请。贾某依法可享受的年休假天数为（　　）。

A.0　　　　　　　B.5 天　　　　　　　C.10 天　　　　　　　D.15 天

5.（2017 年）2016 年 5 月，甲公司安排李某于 5 月 1 日（国际劳动节）、5 月 7 日（周六）

分别加班1天，事后未安排补休。已知甲公司实行标准工时制，李某的日工资为200元。下列计算甲公司应支付李某5月最低加班工资的公式中，正确的是（　　）。

A.200×300%+200×200%=1 000（元）　　　B.200×200%+200×150%=700（元）

C.200×100%+200×200%=600（元）　　　D.200×300%+200×300%=1 200（元）

6.（2015年）公司职工甲因工作疏忽给公司造成经济损失10 000元，已知甲每月工资收入为2 500元，当地月最低工资为1 800元。根据劳动合同法律制度的规定，该公司可从甲每月工资中扣除的最高限额为（　　）元。

A.500　　　　　　B.700　　　　　　C.800　　　　　　D.1 000

7.（2016年）根据劳动合同法律制度的规定，用人单位与劳动者约定了试用期的，劳动者在试用期的工资不得低于用人单位所在地的最低工资标准，也不得低于相同岗位最低档工资或者劳动合同约定工资的一定比例，该比例为（　　）。

A.50%　　　　　　B.60%　　　　　　C.80%　　　　　　D.70%

8.（2016年）吴某受甲公司委派去德国参加技术培训，公司为此支付培训费用10万元。培训前双方签订协议，约定吴某自培训结束后5年内不得辞职，否则应支付违约金10万元。吴某培训完毕后在甲公司连续工作满2年时辞职，则甲公司依法要求吴某支付的违约金数额最高为（　　）。

A.0　　　　　　B.10万元　　　　　　C.6万元　　　　　　D.4万元

9.（2016年）2014年10月，张某到甲公司工作。2015年11月，甲公司与张某口头商定将其月工资由原来的4 500元提高至5 400元。双方实际履行3个月后，甲公司法定代表人变更。新任法定代表人认为该劳动合同内容变更未采用书面形式，变更无效，决定仍按原每月4 500元的标准向张某支付工资。张某表示异议，并最终提起诉讼。下列关于双方口头变更劳动合同效力的表述中，正确的是（　　）。

A.双方口头变更劳动合同且实际履行已超过1个月，该劳动合同变更有效

B.劳动合同变更在实际履行3个月期间有效，此后无效

C.因双方未采取书面形式，该劳动合同变更无效

D.双方口头变更劳动合同但实际履行未超过6个月，该劳动合同变更无效

10.（2016年）根据劳动合同法律制度的规定，下列关于经济补偿金和违约金的表述中，不正确的是（　　）。

A.违约金的支付主体只能是劳动者

B.经济补偿金只能由用人单位和劳动者在劳动合同中约定

C.违约金只能在服务期和竞业限制条款中约定

D.经济补偿金的支付主体只能是用人单位

11.（2016年）根据劳动争议仲裁法律制度的规定，劳动者与用人单位因确认劳动关系发生劳动争议的，应当自知道或应当知道其权利被侵害之日起一定期限内提出仲裁申请，该期限为（　　）。

A.3年　　　　　　B.6个月　　　　　　C.1年　　　　　　D.2年

12.（2017年）甲劳务派遣公司安排职工张某到用工单位乙公司工作。下列关于该劳务派遣用工的表述中，不正确的是（　　）。

A.张某只能在乙公司从事临时性、辅助性或者替代性的工作

B.乙公司应按月向张某支付报酬

C.乙公司不得再将张某派遣到其他用人单位

D.甲劳务派遣公司应当与乙公司订立劳务派遣协议

13.（2015年）根据劳动合同法律制度的规定，下列关于非全日制用工形式的表述中，正确的是（　　　）。

A.终止用工时，用人单位不向劳动者支付经济补偿金

B.双方当事人可约定试用期

C.劳动报酬结算支付周期最长不得超过30日

D.双方当事人应订立书面劳动合同

14.（2017年）根据社会保险法律制度的规定，参加工伤保险的职工因工死亡，其近亲属可以按照一定标准从工伤保险基金领取一次性工亡补助金，该标准为（　　　）。

A.上一年度全国城镇居民人均可支配收入的5倍

B.上一年度全国城镇居民人均可支配收入的10倍

C.上一年度全国城镇居民人均可支配收入的15倍

D.上一年度全国城镇居民人均可支配收入的20倍

15.（2017年）甲公司职工孙某已参加职工基本养老保险，月工资15 000元。已知甲公司所在地职工月平均工资为4 000元，月最低工资标准为2 000元。下列计算甲公司每月应从孙某工资中扣缴基本养老保险费的公式中，正确的是（　　　）。

A.15 000×8%=1 200（元）　　　　　　　　B.4 000×3×8%=960（元）

C.2 000×3×8%=480（元）　　　　　　　　D.4 000×8%=320（元）

16.（2017年）根据社会保险法律制度的规定，下列社会保险项目中，仅由用人单位缴纳社会保险费的是（　　　）。

A.职工基本医疗保险　　B.失业保险　　　　C.职工基本养老保险　　D.工伤保险

17.（2016年）吴某因劳动合同终止而失业，已知吴某工作年限已满6年，缴纳失业保险费的时间已满4年，且符合失业保险待遇享受条件。吴某领取失业保险金的最长期限为（　　　）。

A.12个月　　　　　　　　B.24个月　　　　　　　　C.6个月　　　　　　　　D.18个月

18.（2015年）甲公司职工周某的月工资为6 800元，已知当地职工基本医疗保险的单位缴费率为6%，职工个人缴费率为2%，用人单位所缴医疗保险费划入个人医疗账户的比例为30%。根据社会保险法律制度的规定，下列关于周某个人医疗保险账户每月存储额的计算中，正确的是（　　　）。

A.6 800×6%×30%=122.4（元）　　　　　　B.6 800×2%+6 800×6%×30%=258.4（元）

C.6 800×2%=136（元）　　　　　　　　　　D.6 800×2%+6 800×6%=544（元）

19.（2015年）根据社会保险法律制度的规定，下列职工出现伤亡的情形中，应当认定为工伤的是（　　　）。

A.在下班途中受到本人负主要责任交通事故伤害的

B.因本人故意犯罪导致在工作中伤亡的

C.在工作时间和工作岗位突发疾病72小时后死亡的

D.工作时间前在工作场所内从事与工作有关的预备性工作受到事故伤害的

20.（2017年）根据社会保险法律制度的规定，下列关于失业保险待遇的表述中，正

确的是（　　　）。

A.失业人员领取失业保险金期间不享受基本医疗保险待遇

B.失业人员领取失业保险金期间重新就业的，停止领取失业保险金并同时停止享受其他失业保险待遇

C.失业保险金的标准可以低于城市居民最低生活保障标准

D.失业时用人单位和本人已经累计缴纳失业保险费满6个月的，失业人员可以申请领取失业保险金

二、多项选择题

1.（2017年）根据劳动合同法律制度的规定，下列各项中，属于劳动合同必备条款的有（　　　）。

A.社会保险　　　　　B.劳动报酬　　　　　C.服务期　　　　　D.劳动合同期限

2.（2017年）2008年以来，甲公司与职工均已连续订立两次固定期限劳动合同，再次续订劳动合同时，除职工提出订立固定期限劳动合同外，甲公司应与之订立无固定期限劳动合同的有（　　　）。

A.不能胜任工作，经过培训能够胜任的李某

B.因交通违章承担行政责任的范某

C.患病休假，痊愈后能继续从事原工作的王某

D.同时与乙公司建立劳动关系，经甲公司提出立即改正的张某

3.（2015年）根据劳动合同法律制度的规定，下列关于职工带薪年休假制度的表述中，正确的有（　　　）。

A.职工连续工作1年以上方可享受年休假

B.机关、团体、企业、事业单位、民办非企业单位、有雇工的个体工商户等单位的职工均可依法享受年休假

C.国家法定休假日、休息日不计入年休假的假期

D.职工在年休假期间享受与正常工作期间相同的工资收入

4.（2017年）根据劳动合同法律制度的规定，下列关于劳动报酬支付的表述中，正确的有（　　　）。

A.工资至少每月支付一次，实行周、日、小时工资制的，可按周、日、小时支付工资

B.用人单位依法安排劳动者在日标准工作时间以外延长工作时间的，按照不低于劳动合同规定的劳动者本人小时工资标准的150%支付劳动者工资

C.用人单位与劳动者约定的支付日期遇节假日或休息日，应提前在最近的工作日支付

D.工资应当以法定货币支付，不得以实物及有价证券替代货币支付

5.（2015年）根据劳动合同法律制度的规定，下列关于用人单位和劳动者对竞业限制约定的表述中，正确的有（　　　）。

A.用人单位应按照双方约定，在竞业限制期限内按月给予劳动者经济补偿

B.劳动者违反竞业限制约定的，应按照约定向用人单位支付违约金

C.用人单位和劳动者约定的竞业限制期限不得超过2年

D.竞业限制约定适用于用人单位与其高级管理人员、高级技术人员和其他负有保密

义务的人员之间

6.（2016年）根据劳动合同法律制度的规定，下列关于劳动合同履行的表述中，正确的有（　　）。

A.用人单位拖欠劳动报酬的，劳动者可以依法向人民法院申请支付令

B.用人单位发生合并或者分立等情况，原劳动合同不再继续履行

C.劳动者拒绝用人单位管理人员违章指挥、强令冒险作业的，不视为违反劳动合同

D.用人单位变更名称的，不影响劳动合同的履行

7.（2016年）下列情形中，用人单位可单方面解除劳动合同的有（　　）。

A.张某严重失职，营私舞弊，给用人单位造成重大损失

B.胡某被依法追究刑事责任

C.钱某严重违反用人单位的规章制度

D.王某因怀孕无法胜任工作

8.（2016年）根据劳动合同法律制度的规定，下列各项中，属于用人单位可依据法定程序进行经济性裁员的情形有（　　）。

A.企业转产，经变更劳动合同后，仍需裁减人员的

B.依照企业破产法规定进行重整的

C.企业重大技术革新，经变更劳动合同后，仍需裁减人员的

D.生产经营发生严重困难的

9.（2015年）根据劳动合同法律制度的规定，下列各项中，用人单位和劳动者不得约定违约金的有（　　）。

A.竞业限制　　　　　B.休息休假　　　　　C.工作时间　　　　D.试用期

10.（2017年）根据劳动合同法律制度的规定，因下列情形解除劳动合同的，用人单位应向劳动者支付经济补偿的有（　　）。

A.劳动者不能胜任工作，经过培训或者调整工作岗位，仍不能胜任工作的

B.用人单位未按照劳动合同约定提供劳动保护或者劳动条件的

C.劳动者同时与其他用人单位建立劳动关系，经用人单位提出，拒不改正的

D.用人单位未及时足额支付劳动报酬的

11.（2017年）下列甲公司与职工对试用期期限的约定中，符合法律规定的有（　　）。

A.李某的劳动合同期限2年，双方约定的试用期为2个月

B.王某的劳动合同期限6个月，双方约定的试用期为20日

C.赵某的劳动合同期限2个月，双方约定的试用期为5个月

D.张某的劳动合同期限4年，双方约定的试用期为4个月

12.（2015年）根据社会保险法律制度的规定，下列参加职工基本养老保险的人员中，基本养老保险费全部由个人缴纳的有（　　）。

A.无雇工的个体工商户

B.城镇私营企业的职工

C.未在用人单位参加基本养老保险的非全日制从业人员

D.实行企业化管理的事业单位职工

13.（2017年）根据社会保险法律制度的规定，下列关于职工基本养老保险待遇的表

述中，正确的有（　　　）。

A.参保职工未达到法定退休年龄时因病完全丧失劳动能力的，可以领取病残津贴

B.参保职工死亡后，其个人账户中的余额可以全部依法继承

C.参保职工达到法定退休年龄时累计缴费满15年，按月领取基本养老金

D.参保职工死亡同时符合领取基本养老保险丧葬补助金、工伤保险丧葬补助金和失业保险丧葬补助金条件的，其遗属可以同时领取

14.（2016年）2008年张某初次就业到甲公司工作，2015年年初张某患重病向公司申请病休。下列关于张某享受医疗期待遇的表述中，正确的有（　　　）。

A.医疗期内，甲公司应按照张某病休前的工资待遇向其支付病假工资

B.张某可享受不超过6个月的医疗期

C.公休、假日和法定节日不包括在医疗期内

D.医疗期内，甲公司不得单方面解除劳动合同

15.（2013年）根据社会保险法律制度的规定，下列关于职工患病应享受医疗期及医疗期内待遇的表述中，正确的有（　　　）。

A.实际工作年限10年以下，在本单位工作年限5年以下的，医疗期间为3个月

B.实际工作年限10年以下，在本单位工作年限5年以上的，医疗期间为6个月

C.医疗期内遇劳动合同期满，则劳动合同必须续延至医疗期满

D.病假工资可以低于当地最低工资标准支付，但不得低于当地最低工资标准的80%

16.（2014年）根据社会保险法律制度的规定，职工因工死亡的，其近亲属可享受遗属待遇。下列各项中，属于该待遇的有（　　　）。

A.一次性工亡补助金　　　　　　　　　　B.供养亲属抚恤金

C.遗属慰问金　　　　　　　　　　　　　D.丧葬补助金

17.（2017年）甲公司职工高某因公司被依法宣告破产而失业。已知高某失业前，甲公司与高某已累计缴纳失业保险满4年，失业后高某及时办理了失业登记。下列关于高某领取失业保险待遇的表述中，正确的有（　　　）。

A.高某在领取失业保险金期间，不参加职工基本医疗保险，亦不享受基本医疗保险待遇

B.高某领取失业保险金的标准，不得低于城市居民最低生活保障标准

C.高某领取失业保险金期限自办理失业登记之日起计算

D.高某领取失业保险金的期限最长为12个月

18.（2016年）失业人员在领取失业保险金期间有下列（　　　）情形之一的，停止领取失业保险金，并同时停止享受其他失业保险待遇。

A.依法享受基本养老保险待遇　　　　　　B.重新就业

C.应征服兵役　　　　　　　　　　　　　D.移居境外

19.（2017年）根据社会保险法律制度的规定，下列各项中，由用人单位和职工个人共同缴纳社会保险费的有（　　　）。

A.失业保险　　　　　　　　　　　　　　B.职工基本养老保险

C.职工基本医疗保险　　　　　　　　　　D.工伤保险

20.（2017年）下列劳务派遣用工形式中，不符合法律规定的有（　　　）。

A. 丙劳务派遣公司以非全日制用工形式招用被派遣劳动者

B. 乙公司将使用的被派遣劳动者又派遣到其他公司工作

C. 丁公司使用的被派遣劳动者数量达到其用工总量的 5%

D. 甲公司设立劳务派遣公司向其所属分公司派遣劳动者

三、判断题

1.（2016 年）违法约定的试用期已经履行的，由用人单位以劳动者试用期满月工资为标准，按已经履行的超过法定试用期的期间向劳动者支付赔偿金。（　　）

2.（2017 年）劳动者开始依法享受养老保险待遇的，劳动合同终止。（　　）

3.（2017 年）职工非因工负伤享受医疗期待遇的，公休、假日和法定节日不包括在病休期间。（　　）

4.（2017 年）集体合同中双方约定的劳动报酬和劳动条件等标准可以低于当地人民政府规定的最低标准。（　　）

5.（2017 年）用人单位未按时足额缴纳社会保险费的，由社会保险费征收机构责令限期缴纳或者补足，并自欠缴之日起按日加收滞纳金。（　　）

6.（2016 年）职工参加工伤保险，由用人单位和职工本人共同缴纳工伤保险费。（　　）

7.（2015 年）用人单位应将直接涉及劳动者切身利益的规章制度和重大事项决定公示或者告知劳动者。（　　）

8.（2015 年）职工发生工伤事故但所在用人单位未依法缴纳工伤保险费的，不享受工伤保险待遇。（　　）

9.（2015 年）用人单位自用工之日起满 1 年未与劳动者订立书面劳动合同的，视为自用工之日起满 1 年的当日已经与劳动者订立无固定期限劳动合同。（　　）

10.（2015 年）劳务派遣单位应与被派遣劳动者订立 2 年以上的固定期限劳动合同。（　　）

11.（2014 年）机关、团体、企业、事业单位等单位的职工连续工作 6 个月以上的，享受带薪年休假。（　　）

12.（2013 年）劳动者和用人单位发生劳动争议，可以不经劳动仲裁直接向人民法院提起劳动诉讼。（　　）

13.（2013 年）甲公司招用王某时，要求其缴纳 600 元的工作服押金，甲公司的做法不符合法律规定。（　　）

14.（2013 年）用人单位与劳动者约定服务期的，不影响按照正常的工资调整机制提高劳动者在服务期期间的劳动报酬。（　　）

15.（2013 年）职工跨统筹地区就业的，其失业保险关系随本人转移，缴费年限累计计算。（　　）

16.（2012 年）劳动者与用人单位发生劳动争议申请仲裁时，用人单位被吊销营业执照或者决定提前解散、歇业，不能承担相关责任的，其出资人、开办单位或者主管部门应作为共同当事人。（　　）

17.（2012 年）劳动者不能胜任工作岗位，用人单位应先经过培训或者调整工作岗位，

仍不能胜任工作的，方可按程序与其解除劳动合同。 （ ）

18.职工参加生育保险，应当由本人向社会保险经办机构缴纳生育保险费。 （ ）

19.新成立的企业应当在办理工商注册登记之后的30日内，向社会保险经办机构办理企业的社会保险登记。 （ ）

20.用人单位不办理社会保险登记的，由社会保险行政部门责令限期改正；逾期不改正的，对用人单位处应缴社会保险费数额1倍以上3倍以下的罚款，对其直接负责的主管人员和其他直接责任人员处500元以上5 000元以下的罚款。 （ ）

案例分析训练

【业务案例13-1】（2016年）2015年1月，甲公司与乙公司签订劳务派遣协议，派遣刘某到乙公司从事临时性工作。2015年5月，临时性工作结束，两公司未再给刘某安排工作，也未再向其支付任何报酬。2015年7月，刘某得知自2015年1月被派遣以来，两公司均未为其缴纳社会保险费，遂提出解除劳动合同。

要求：根据上述资料，不考虑其他因素，分析回答下列问题。

1.关于刘某劳动关系的建立，下列表述正确的是（ ）。

A.刘某与乙公司建立劳动关系

B.刘某与甲公司建立劳动关系

C.刘某与甲公司、乙公司均未建立劳动关系

D.刘某与甲公司、乙公司均建立劳动关系

2.关于刘某无工作期间的劳动报酬，下列表述正确的是（ ）。

A.刘某不享受报酬

B.乙公司应当按月向其支付报酬

C.刘某享受报酬的标准为支付单位所在地的最低工资标准

D.甲公司应按月向其支付报酬

3.刘某解除劳动合同应采取的方式是（ ）。

A.无须事先告知公司即可解除 B.应提前30日通知公司解除

C.可随时通知公司解除 D.应提前3日通知公司解除

4.关于该劳动合同解除时经济补偿金支付，下列表述正确的是（ ）。

A.甲、乙两公司均无须向刘某支付经济补偿金

B.乙公司应向刘某支付经济补偿金

C.甲公司应向刘某支付经济补偿金

D.甲、乙两公司均应向刘某支付经济补偿金

【业务案例13-2】（2017年）甲公司职工张某在工作中因先天性心脏病突发住院治疗3个月，住院期间甲公司按月向其支付病假工资。出院后，张某回公司上班。因该疾病导致活动受限，张某已不能从事原工作。公司又为其另行安排了其他工作岗位，但张某仍不能从事该工作。甲公司拟单方面解除与张某之间尚未到期的劳动合同。

已知张某月工资为3 000元，实际工作年限8年，在甲公司工作3年，甲公司所在地月最低工资标准为2 000元。

要求：根据上述资料，不考虑其他因素，分析回答下列问题。

1.下列关于张某在工作中突发先天性心脏病法律后果的表述中，正确的是（　　）。

A.张某在工作中突发先天性心脏病应认定为工伤

B.张某可享受的医疗期应按 6 个月内累计病休时间计算

C.张某可享受 3 个月的医疗期待遇

D.张某可享受 12 个月的停工留薪期待遇

2.张某住院期间，甲公司每月向其支付的病假工资不得低于（　　）元。

A.3 000　　　　　　　B.2 000　　　　　　　C.1 600　　　　　　　D.2 400

3.下列甲公司单方面解除与张某的劳动合同采用的方式中，符合法律规定的是（　　）。

A.甲公司无须通知张某即可解除劳动合同

B.甲公司可随时通知张某解除劳动合同且不向其额外支付工资

C.甲公司可提前 30 日书面通知张某解除劳动合同

D.甲公司可额外支付张某 1 个月工资后解除劳动合同

4.下列关于甲公司单方面解除与张某劳动合同法律后果的表述中，正确的是（　　）。

A.应向张某支付违约金　　　　　　　　B.应向张某支付一次性伤残就业补助金

C.应向张某支付合同解除赔偿金　　　　D.应向张某支付经济补偿

【业务案例 13-3】（2015 年）2014 年下半年，实行标准工时制的甲公司在劳动用工方面发生下列事实：

（1）9 月 5 日，已累计工作 6 年且本年度从未请假的杨某向公司提出年休假申请。

（2）因工作需要，公司安排范某在国庆期间加班 4 天，其中占用法定休假日 3 天，占用周末休息日 1 天，范某日工资为 200 元。

（3）10 月 20 日，尚处于试用期的马某在上班途中受到非本人主要责任的交通事故伤害，住院治疗 2 个月。

（4）11 月 10 日，公司通过口头协议聘用郑某从事非全日制用工，试用期 1 个月；12 月 29 日，公司发现郑某与乙公司也订立了非全日制用工劳动合同，便通知郑某终止用工。

要求：根据上述资料，分析回答下列问题。

1.杨某可依法享受的最长年休假期限是（　　）。

A.15 天　　　　　　　B.5 天　　　　　　　C.20 天　　　　　　　D.10 天

2.下列甲公司向范某支付国庆期间加班工资拟采取的方案中，符合法律规定的是（　　）。

A.甲公司事后安排范某补休国庆节 3 天法定休假日，向其支付 1 600 元的加班工资

B.甲公司事后安排范某补休国庆节 3 天法定休假日，向其支付 400 元的加班工资

C.甲公司事后未安排范某补休，向其支付 2 200 元的加班工资

D.甲公司事后安排范某补休周末休息日，向其支付 1 800 元的加班工资

3.下列关于马某受伤住院治疗法律后果的表述中，正确的是（　　）。

A.甲公司可按照不低于当地最低工资标准的 80% 向马某支付治疗期间的工资

B.因在上班途中，马某此次受伤不能认定为工伤

C.因尚处于试用期，马某此次受伤不能认定为工伤

D.甲公司应按照双方在劳动合同中约定的劳动报酬向马某支付治疗期间的工资

4.下列关于甲公司与郑某之间非全日制用工劳动关系的表述中，正确的是（　　）。

A.甲公司与郑某可以订立口头用工协议

B.郑某有权与甲公司和乙公司分别订立劳动合同

C.甲公司可以随时通知郑某终止用工

D.甲公司与郑某可以约定试用期

参考文献

［1］财政部会计资格评价中心. 经济法基础［M］. 北京：经济科学出版社，2018.

［2］东奥会计在线. 经济法基础［M］. 北京：北京大学出版社，2018.

［3］中国注册税务师协会. 税法［M］. 北京：中国财政经济出版社，2018.

［4］全国税务师职业资格考试教材编写组. 税法（I）［M］. 北京：中国税务出版社，2018.

［5］全国税务师职业资格考试教材编写组. 税法（II）［M］. 北京：中国税务出版社，2018.

［6］梁伟样. 税费计算与申报［M］. 3版. 北京：高等教育出版社，2016.

［7］张瑞珍. 纳税实务［M］. 北京：人民邮电出版社，2016.